DETRÁS del VELO

MICHELLE KAFER

DETRÁS DEL VELO

Un estudio de la vida de Lea

B&H ESPAÑOL
NASHVILLE, TN

Detrás del velo: Un estudio de la vida de Lea

Copyright © 2022 por Michelle Kafer

Todos los derechos reservados.
Derechos internacionales registrados.

B&H Publishing Group
Nashville, TN 37234

Diseño de portada por B&H Español

Director editorial: Giancarlo Montemayor
Editor de proyectos: Joel Rosario
Coordinadora de proyectos: Cristina O'Shee

Clasificación Decimal Dewey: 222.11
Clasifíquese: BIBLIA A.T. GÉNESIS--ESTUDIO Y ENSEÑANZA / MUJERES EN LA BIBLIA / LEA (FIGURA BÍBLICA)

Ninguna parte de esta publicación puede ser reproducida ni distribuida de manera alguna ni por ningún medio electrónico o mecánico, incluidos el fotocopiado, la grabación y cualquier otro sistema de archivo y recuperación de datos, sin el consentimiento escrito del autor.

A menos que se indique de otra manera, las citas bíblicas marcadas RVR1960 se tomaron de la versión *Reina-Valera 1960*® © Sociedades Bíblicas en América Latina, 1960; Renovado © Sociedades Bíblicas Unidas, 1988. Utilizado con permiso. *Reina-Valera 1960*® es una marca registrada de las Sociedades Bíblicas Unidas y puede ser usada solo bajo licencia.

Las citas bíblicas marcadas LBLA se tomaron de LA BIBLIA DE LAS AMÉRICAS, © 1986, 1995, 1997 por The Lockman Foundation. Usadas con permiso.

ISBN: 978-1-0877-5372-0

Impreso en EE. UU.
1 2 3 4 5 * 25 24 23 22

Agradecimientos

A mis abuelos, Don y «Dot» Kelso, quienes me ayudaron a entender lo que significa tener «hambre y sed de justicia» (Mat. 5.6).

A mis padres, Don y Brooke Kelso, quienes diariamente me instruyeron para que considere la palabra de Dios como una «lampara [...] a mis pies, y lumbrera a mi camino» (Sal. 119:105).

A mi hermana Renee A. Faith, quien dio vida a las Escrituras, fue utilizada como instrumento de consejo divino y en todo el proceso mantuvo el gozo. Ella aceptó el enorme desafío de editar este libro para que pudiera ser agradable para el lector.

A mi hermano, Bryan A. Kelso, cuyas palabras de aliento siempre han sido para que el Señor produzca mucho fruto al obedecerlo y escucharlo. Su ingenio sabio, su corazón por el discipulado y el marketing inteligente son recursos valiosos.

Gracias, tío Mace y tía Denise Loock, por sus palabras sabias brindadas a tiempo. Después de leer mi primer manuscrito, dijeron: «¡Persevera!».

Las palabras jamás podrán expresar completamente la gratitud que tengo por cada persona que ha invertido en mi vida.

A todos en Elm Hill, una división de HarperCollins Christian Publishing, quienes me asistieron en el proceso de llevar este libro a su impresión: ¡gracias!

A mis hijos:
Caedmon Kelso, Layne Judith y Arden Brooke.
Su padre y yo atesoramos los regalos de Dios que cada uno de ustedes es para nosotros.
Deseamos que puedan deleitarse y caminar con el Señor cada día de sus vidas.

A mi esposo:
Lee Thomas Kafer
«Levántate, amada mía, hermosa mía, y ven conmigo».
Desde el momento que me dijiste estas palabras, la vida contigo está llena de los más grandes placeres y aventuras. Tú estás detrás de cada página al proveer tu apoyo y los momentos que me permitían apartarme para ordenar mis pensamientos que había logrado garabatear en un papel o los mensajes de texto que me enviaba a mí misma.
Tu fidelidad hacia este proyecto no es algo pequeño.
¡Te amo!

Un hombre. Dos hermanas.
Una amada; una despreciada.

Una es símbolo del verdadero amor.
La otra es símbolo de artimañas.

«Cosas que el ojo no vio, ni el oído oyó».
La historia de amor de Lea.

Lea significa «fatigada»
o «la que languidece de cansancio».

Y será aquel varón como un escondedero contra el viento, y como un refugio contra el turbión; como arroyos de aguas en tierra de sequedad, como sombra de gran peñasco en tierra calurosa. No se cerrarán entonces los ojos de los que ven, y los oídos de los que escuchan estarán atentos.
                                           Isaías 32:2-3

ÍNDICE

Agradecimientos V

Palabras Del Autor XIII

Semana 1: ¿QUIÉN ES LEA? 1

Semana 2: ES COMPLICADO 5

Semana 3: EXISTIR VS. VIVIR 19

Semana 4: ATENCIÓN EXCLUSIVA 27

Semana 5: PERTENECER 39

Semana 6: EL SACRIFICIO DE ALABANZA 51

Semana 7: LA VIDA EN LA «SALA DE ESPERA» 63

Semana 8: MANIPULAR A DIOS 83

Semana 9: FAVOR ASEGURADO 97

Semana 10: ENCONTRAR NUESTRO NICHO 107

Semana 11: LA VIDA NO ES JUSTA 117

Semana 12: CRUZAR EL UMBRAL DE LA ETERNIDAD 135

Notas 151

Bibliografía 153

Palabras del autor

La vida está llena de expectativas; puede ser inspirada y derrumbada por esas expectativas. No importa si son grandes o pequeñas, las expectativas captan nuestra atención, dan forma a nuestras creencias y cautivan nuestra imaginación al pensar en cómo deben ser las cosas. Cualquiera que sea la condición en la que nos encontramos ahora mismo, hay un valor real del porqué debemos estudiar cada área del corazón y permitirnos tiempo para filtrar nuestras expectativas. Acompáñame en este viaje que logró alzar mis ojos para ver una esperanza más allá de lo que jamás hubiera podido imaginar.

Qué tal si ponemos a un lado nuestras expectativas, nuestras conclusiones de cómo leemos la historia de la Biblia; o por lo menos esa versión que nos han contado. Deseo presentarte a una de las más pequeñas entre las «grandes». Una que ha sido nombrada, pero aun así pasa desapercibida, como heroína de la fe.

Nos fue dada una «llave» para abrir un glorioso «tesoro», pero del que no se habla con mucha profundidad. Mi oración es que puedas tomar esta misma «llave» para descubrir un tesoro «más precioso que las joyas...» que se encuentran en un diario, preservado para nosotros en las Sagradas Escrituras. Un diario donde «(ella) abre su boca con sabiduría, y la ley de clemencia está en su lengua» (Prov. 31:26). Ya han pasado miles de años y aún no hemos podido descifrar completamente y disfrutar el diario de

Palabras del autor

Lea. ¡Ella logrará desmoronar tus más grandes expectativas! Así fue conmigo. Lo que hay detrás de la historia de Lea me dejó pasmada, me cautivó y comprendí una profundidad de lo que ella conocía y cómo a veces no nos percatamos de lo que siempre ha estado frente a nuestros ojos. Su historia. Cómo su historia es un canal por el cual la historia misma fue moldeada y nuestra esperanza fue asegurada.

La fe es suficiente,
Michelle K. Kafe

SEMANA 1

¿Quién es Lea?

Lectura: Génesis capítulo 29 - 30

¿Has oído alguna vez de Lea?
_____
_____

Si es así, ¿qué sabes sobre ella?
_____
_____
_____

Al comenzar un viaje de lectura de la Biblia en forma cronológica, Génesis 29 y 30 hicieron que me detuviera. Fue muy evidente que yo estaba leyendo lo que parecía un diario personal, el testimonio de vida de una mujer, su viaje personal y espiritual; una mujer de la que yo sabía relativamente poco. Si me hubieras preguntado antes de este estudio quién es Lea, lo habría podido resumir en un párrafo.

El incumplimiento de un contrato la convirtió en la esposa de un hombre que estaba enamorada de su hermana. Ella era esposa de un patriarca y madre de 8 de las 12 tribus originales de Israel.

¿Quién es Lea?

Encontrar que la historia del evangelio estaba entretejida en su vida fue algo nuevo para mí. Hazme la misma pregunta ahora. Yo te diría: «Ve, y siéntate a sus pies». No hay forma de que ella pudiera imaginar que, años más tarde, 1 Corintios 13:12-13 captaría el concepto de su historia y su fidelidad para que lo vean todos los seguidores de Cristo.

Pues ahora vemos mediante espejo, borrosamente; mas entonces veremos cara a cara. Ahora conozco en parte; pero entonces conoceré tan cabalmente como soy conocido. Y ahora, permanecen la fe, la esperanza y el amor, estos tres; pero el mayor de ellos es el amor.

Cuando miras la imagen de tu vida, ¿te parece demasiado ordinaria?, ¿demasiado aburrida? Ven conmigo y sentémonos a los pies de una mujer que podría empatizar contigo. Aprendamos de su fe, su esperanza y su amor. Conozcamos a Lea, la primera esposa de Jacob.

El diario de Lea está delineado al observar el toque profundo y artístico en el nombramiento de sus hijos; siendo cada nombre una ventana a las meditaciones de su corazón. Las Escrituras señalan claramente que Jacob no tuvo nada que ver en el nombramiento de sus hijos. Lea puso el nombre a cada uno de ellos.

La historia de amor de Lea pasa desapercibida por la atracción natural al romance de Jacob y Raquel. Aun así, veremos en Lea —la de ojos tiernos y ordinaria— una imagen del amor extraordinario de Dios que trasciende el amor del hombre. La historia de amor de Lea no es romanticismo mundano, pero en su narrativa resalta lo que es ser amada por Dios en el presente, teniendo que posponer sus anhelos, luchando para confiar que, de alguna manera, en algún punto, Él cumpliría los deseos de su corazón. El objeto humano de los deseos de Lea rechaza la «llave» de su corazón, que voluntariamente ofrece, pero Dios guardará y atesorará a Lea y a su tierno corazón.

Lea es representativa de la vida de la gran mayoría de nosotras: sin grandes propuestas, sencillas, mundanas y ordinarias. Sin embargo, su vida e historia cautiva a todo aquel que esté dispuesto a aprender verdades ricas en teología que pueden ser encontradas en este diario. Hay algo único en los capítulos 29 y 30 de Génesis porque relatan el crecimiento espiritual desde el punto de vista de una mujer. Aquí, Génesis hace eco del corazón de una esposa y el alma de una madre. Su historia es antigua, pero su mensaje es relevante para el día de hoy.

La devoción excepcional y la lealtad de Lea dan lugar a una profunda bendición que ella jamás hubiera podido imaginar.

Espero que a través de Lea puedas captar mejor cómo Dios revela Su naturaleza y obra en nuestros corazones, sin importar nuestras circunstancias. Mi oración es que puedas encontrar el reflejo de lo maravilloso que es nuestro Dios en la manera que Él se reveló a sí mismo en y a través de la vida de Lea, obteniendo ánimo y convicción. Así como espero con ansias y con gran humildad encontrarme cara a cara con mi Señor y Salvador en los cielos, también deseo conocer a Lea, una matriarca de la fe que participó del linaje profetizado y prometido de Jesucristo.

Para reflexionar:

Toma un momento frente al espejo y considera tu situación actual. Escribe los adjetivos que vengan a la mente para describir lo que ves.

_____
_____
_____
_____
_____

¿Cómo te gustaría que la imagen de tu situación actual y de cómo te ves a ti misma sea diferente? Escribe a continuación tus pensamientos.

_____

_____

_____

_____

Toma estas reflexiones y llévalas al Señor. Pídele que abra tu corazón a las lecciones que Él quiere enseñarte al estar juntas «sentadas a los pies de Lea», escuchando su historia.

SEMANA 2

Es complicado

Las relaciones humanas, ya sea que involucren a un cónyuge, a padres, a niños, hermanos, familia extendida, amistades o compañeros de trabajo, son complicadas. Lea definitivamente experimentó una cantidad injusta de complicaciones a mano de aquellos con quien vivió durante las diferentes fases de su vida. Para verdaderamente entender su conflicto, debemos mirar el inicio de su historia.

La parte de la historia que nos interesa comienza con Jacob, el patriarca. El hijo que engañó a su padre para que le diera la bendición que por derecho era para el primogénito. Esta bendición pertenecía a su hermano mayor, Esaú. Jacob se aprovechó de su hermano mayor en un momento de debilidad y lo engañó para conseguir la primogenitura a cambio de gratificación instantánea y temporal. Pero Jacob, el engañador que recibe otro nombre de parte de Dios, fue el elegido y santificado. Recibió el nombre de «Israel». De su simiente vendría una nación qué particularmente continúa dominando la historia del mundo y los eventos actuales.

Jacob dejó su propio hogar siguiendo el consejo de su padre, Isaac. Y haciendo caso a los deseos de su madre, Jacob buscó esposa entre los parientes de ella (específicamente de su hermano Labán, hijo de Betuel el Sirio).[1]

Él vio a Raquel y se regocijo. Jacob amó a Raquel. Desde el momento en el que la vio, ella se convirtió en su infatuación, la razón de todo lo que hacía, su único deseo. Raquel era su amada y él iba a hacer lo que fuera necesario para que ella fuese su esposa.

El amor a primera vista es una historia bastante familiar, en ocasiones es real y otras veces es solo un cuento de hadas, pero las historias de amor nos hipnotizan, hacen revolotear nuestras emociones, dejan impresiones en nuestra mente y nos encantan. La historia prueba que estamos fascinados con ellas; las novelas románticas, las poesías cómicas, las tragedias, las leyendas mitológicas, todas logran globalizar las formas inexplicables del amor humano. Algunas de las más grandes historias de amor que alguna vez han sido contadas se encuentran en las páginas de las Sagradas Escrituras; pero no todas ellas se desarrollan de una manera tan encantadora o simple como desearíamos.

Ya sea que estemos conscientes o no de lo que está sucediendo en la vida, nos vemos envueltos en costumbres que nosotros llamamos «tradiciones», «normas», «cuestiones de familia» o «perspectivas». La vida cotidiana transcurre de día en día según lo que conocemos hasta que nos vemos enfrentados con una cultura diferente y comenzamos a vivir en medio de ella. La influencia que recibimos durante nuestra crianza impacta cada detalle de nuestras vidas. No siempre podemos comprender completamente los rasgos «invisibles» de una cultura. Jacob, como viajero desde Padam-aram, era extranjero ajeno a sus costumbres.

Para reflexionar:

¿Has experimentado alguna vez una cultura diferente? A continuación, escribe alguno de los ajustes y adaptaciones que tuviste que hacer en tu forma de vida diaria.

¿Hubieron «sorpresas» inesperadas?

Labán, sin sentir ningún tipo de vergüenza, jugó la carta de «costumbres culturales» relacionada al orden de nacimiento para el casamiento de sus hijas. La hija mayor debía casarse primero. ¡Otra costumbre era entregar a la novia durante el amparo de la oscuridad! Así que Lea fue dirigida a los aposentos de Jacob durante la noche. Al amanecer, se descubrió la decepción del secreto nocturno: «He aquí era Lea» (Gén. 29:25).

¡Sorpresa! Al amanecer de un nuevo día, la alegría de Jacob se tornó en una completa pesadilla de choque cultural. No era Raquel. Su amada, no era la que él había elegido por esposa. Lea, la hija mayor, se convirtió en el objeto de la ignorancia cultural de Jacob (Gén. 29:26). No habría luna de miel.

Con solo una noche de casados, el esposo de Lea y su padre una vez más se encontraban haciendo un contrato y acordando las condiciones. No era una historia romántica para Lea. Eran solo costumbres.

La nueva obligación era cumplir los deberes maritales por una semana; esta era la costumbre. Después de esto Raquel sería otorgada a Jacob y a cambio él serviría siete años más. Jacob había sido engañado, tal como él hizo con su hermano, Esaú. La copa amarga de la decepción que estamos dispuestos a dar a otros, nunca la beberemos con agrado. Ahora Jacob entendía los sentimientos que trae la traición, la venganza y la amargura —sentimientos que Esaú seguramente sintió hacia él.

Para reflexionar:

¿Alguna vez has sido engañada por alguien? Escribe algunos adjetivos que puedan describir cómo te sentiste.

___

¿Cómo cambió tu perspectiva de esa persona? ¿Fue fácil «perdonar y olvidar»?

___

El engaño de Labán estaría presente en la mente de Jacob una y otra vez. En el centro, atrapada en esta saga, encontramos a Lea.

El amor de Jacob por Raquel era tan fuerte que trabajar siete años más para cumplir el contrato le parecieron solamente unos pocos días (Gén. 29:20).

Lea se convirtió en esposa por tradición. Una obligación. Ella era un prerrequisito para que la amada pudiera casarse. Un hombre, dos hermanas, pero no era un triángulo de amor.

Los hombres en la vida de Lea eran muy poco confiables, hasta ese momento. Ella representaba un medio por el que su padre lograría sacar ventaja y tener ganancias; y para su esposo representaba un requisito que debía cumplir.

¿Qué nos dice la Palabra de Dios que deberían estar cumpliendo los hombres en la vida de Lea? Salmo 103:13 enseña que los sentimientos de un padre terrenal hacia sus hijos tipifican los pensamientos del Padre celestial hacia nosotros: «Como el padre se compadece de los hijos, se compadece Jehová de los que le temen».

La palabra compasión viene de la palabra hebrea *racham*, qué significa tener en estima, acariciar, consolar, amar profundamente. Aunque esté sujeto a la imperfección humana, el rol de un padre es demostrar el amor, la protección y la provisión del Padre celestial hacia sus hijos.

Labán falló al no demostrar correctamente, con sus acciones, el carácter del Padre celestial. Fracasó al no entender que sus hijas eran su herencia dadas por el Señor; cada una, un premio individual.

En tu rol como madre, ¿te das cuenta de que tú puedes afectar la perspectiva que tus hijos tienen de la naturaleza de Dios? En una manera especial, los padres juegan un papel importante de influenciar cómo sus hijos percibirán a Dios en lo relacional.

Para reflexionar:

Considera tu pasado. ¿Cómo reflejaba tu padre la naturaleza de Dios?

_____

_____

_____

¿Tu experiencia fue negativa o positiva? Tómate unos minutos y lleva esto en oración al Señor.

Si tu imagen de Dios se vio distorsionada por algo en lo que tus padres fallaron al reflejar el amor de Dios como Él quiere, ¿estás dispuesta a permitir que el Señor se revele a sí mismo para que veas lo que Él quiere ser para ti?

Lea fue decepcionada por su esposo. ¿Esto trae pesar a tu corazón? ¿Te has detenido a considerar cómo esto entristece el corazón de Dios? El matrimonio es un pacto que se extiende más allá de la gratificación de la carne y el sentimiento de que uno es amado. El primer matrimonio fue algo que Dios mismo orquestó. Adán identificó a Eva como su *isha*, palabra hebrea que significa «varona», en Génesis 2:23-24: «Dijo entonces Adán: Esto es ahora hueso de mis huesos y carne de mi carne; ésta será llamada Varona, porque del varón fue tomada. Por tanto, dejará el hombre a su padre y a su madre, y se unirá a su mujer, y serán una sola carne». Cuando Dios trajo a Eva ante Adán, él proclamó el más grande tributo al amor. Amar a una esposa es amarse a uno mismo, la esposa es una ayuda idónea para el esposo: de igual valor y su complemento. Los dos se hicieron uno. Adán conocía esto intrínsecamente, pero el pecado trajo estragos y los hijos de Adán perderían esta gloriosa mentalidad que Dios pretendía para la unión del matrimonio.

Maridos, amad a vuestras mujeres, así como Cristo amó a la iglesia y se dio a sí mismo por ella [...]. Así también deben amar los maridos a sus mujeres, como a sus mismos cuerpos.

En Efesios 5:25 y 28 la orden es «agapao», la palabra griega para amor que implica «dirigir la voluntad y encontrar gozo en algo».[2]

La voluntad es la parte del ser humano que nos motiva hacia una acción; con ella determinamos ser o hacer un determinado propósito. ¡La intención es encontrar gozo y no solo un mero contentamiento! El amor ágape es deliberado y devoto, nunca pasivo.

Jacob falló al no elegir encontrar gozo en Lea, considerándola como parte de sí mismo y así ser una representación correcta del amor de Dios hacia ella. Aunque el pacto del matrimonio de convertirse en una con Jacobo le falló, ella llegaría a percatarse de que el pacto de Dios con Jacob, el Dios de Isaac y el Dios de Abraham seguiría siendo fiel y cumpliría todas sus esperanzas y expectativas. Menos mal que nuestro Dios no depende de la humanidad para poder revelar Su verdadera naturaleza, ni tampoco las fallas humanas lo hacen desviar para no ejecutar Su llamado.

Salmo 68:5-6 nos asegura que Él es «Padre de huérfanos [...]. Dios hace habitar en familia a los desamparados; saca a los cautivos a prosperidad».

Así como la vida de Lea toma este giro negativo debido a las consecuencias de los engaños de Labán, también nosotras experimentamos circunstancias desafortunadas en nuestras vidas diarias como consecuencia del engaño de Satanás en el Edén (Gén. 3:2-6, 8-13). La humanidad se vio desterrada de una relación íntima con Dios (Gén. 3:22-24; Isa. 59:1-2) y solo por Su gracia sobrenatural y amor incondicional, Dios hizo por Lea (y por nosotras) lo que Jacob nunca logró hacer: mirar más allá de la transgresión y hacer un camino de restauración en aquello que fue dañado por el engaño.

Para reflexionar:

Lee los siguientes pasajes.

Escribe qué es lo que cada uno enseña sobre Dios y la manera en la que Él restaura la relación rota a pesar del engaño del pecado.

Salmo 103:8 -12

_____
_____
_____
_____

Isaías 53:5-6, 11-12

_____
_____

1 Juan 4:10-11

1 Juan 1:9

Al estudiar la historia de Lea, a pesar de su persecución leal e incansable del amor de Jacob, veremos que las Escrituras nunca insinúan que la relación entre ella y Jacob fue restaurada. Al igual que lo fue con la situación de Lea, algunos finales felices no llegarán de este lado del cielo. Para Lea, la presencia de un afecto mayor descansaba en su alma, llevando su mirada al cielo en busca de las respuestas que le estaban reservadas en las costas celestiales.

Para reflexionar:

¿Hay anhelos incumplidos, relaciones rotas o asuntos no resueltos que sigues esperando se resuelvan? Toma un tiempo para decirle estas cosas al Señor.

¿Estás dispuesta a confiarle a Él estas cosas?

Cuando se trata de mirar más allá de la falta y hacer un camino para que el daño en una relación sea reparada o restaurada, ¿eres más como Jacob o como Dios?

Al continuar nuestro viaje a través de la vida de Lea, espero que puedas ver paralelos entre aspectos de su historia y la de Cristo. Mi oración es que puedas llegar a conocer y abrazar Hebreos 4:15: «No tenemos un sumo sacerdote que no pueda compadecerse de nuestras debilidades, sino uno que fue tentado en todo según nuestra semejanza, pero sin pecado».

En esta lección, vimos como la traición y el engaño de seres queridos dañaron las relaciones y causaron que Lea se viera atrapada en medio de una situación desafortunada de la que ella no pidió ser partícipe. Debido al engaño y traición de los humanos contra Dios en el Edén, Dios no se resignó a dejarnos en el exilio, más bien eligió mostrar «su amor para con nosotros en que aun siendo pecadores Cristo murió por nosotros» (Rom. 5:8).

Dios preservó el diario de Lea porque nosotras también debemos lidiar con el amor. Llegar a amar lo que no es amable a nuestros ojos, amar lo que no es de alta estima para los hombres; esa también es nuestra lucha. El amor puro es un milagro; es negarse a uno mismo. La historia de amor de Lea ejemplifica la lucha de lo que significa ser amado por Dios y confiar en que Él, como nuestro esposo, nos está esperando en la gloria eterna para ser manifestado en nosotros (Apoc. 19:7-9).

«Antes bien, como está escrito: Cosas que ojo no vio, ni oído oyó, ni han subido en corazón de hombre, son las que Dios ha preparado para los que le aman» (1 Cor. 2:9).

Dios escribe bellas historias de redención, a pesar de las fallas humanas.

Para Lea, aunque el engaño resultó en que ella se convirtiera en la esposa no deseada de Jacob, fue lo que Dios usó para librarla de una familia de idólatras y conociera al Dios de Jacob. Para nosotros hoy, aunque el engaño resultó en que viviéramos en un mundo roto bajo la maldición del pecado, podemos experimentar liberación del poder del pecado a través de la muerte de Cristo en la cruz y así obtener gloriosa esperanza, la cual nos está guardada en los cielos debido a que Él resucitó.

El Dios del cielo es el Dios al que le da placer unirse a la humanidad (Sal. 94:14-15). Porque, así como el Señor estableció su trono (Sal. 103:19), Él cumplirá sus promesas (Gén. 3:15) y no dejará Su obra maestra (Gén. 1: 27) desamparada de Su gloria. Esta es la historia de Dios para la humanidad.

Un Dios amoroso cuya obra sigue siendo un amplio misterio para nosotros. Una y otra vez Él nos comprueba quién es, no porque debe hacerlo, sino porque Él anhela estar reconciliado con nosotros.

La historia de Lea irradia la realidad que cada individuo debe enfrentar. La fe es una elección. La esperanza es una elección. El amor es una elección. Estas tres cualidades no son pasivas. La fe, la esperanza y el amor no tienen nada que ver con cómo controlamos nuestra vida, sino más bien en cómo respondemos a la vida.

Para reflexionar:

¿Has experimentado a Dios haciendo de algo horrible algo bello? Comparte tu experiencia a continuación.

Conceptos claves para atesorar:

1. El matrimonio es un pacto que se extiende más allá de la gratificación de la carne y el sentimiento de estar enamorado.

2. El Dios de la Biblia no depende de la humanidad para revelar Su verdadera naturaleza, ni se ve desviado por las fallas de los humanos al no cumplir Su llamado.

3. Dios escribe hermosas historias de redención a pesar de los fracasos humanos.

Anotaciones personales:

SEMANA 3

Existir vs. vivir

La vida de Lea no era encantadora. Al ponerle nombre a cada uno de sus ocho hijos y su hija, divulga su añoranza por la intimidad con su esposo y revela sus luchas físicas y espirituales, validando así su existencia y propósito en la vida. Estamos leyendo su diario espiritual, observando lo que estaba sucediendo en su mente y su corazón cuando daba a luz.

Culturalmente hablando, para una mujer su vientre era su más valioso tesoro. El nacimiento de un hijo era vital para la estabilidad y seguridad de una mujer, ya que confirmaba que el linaje de su familia estaría libre de la extinción. El Señor vio que Lea definitivamente no era considerada «una pieza de gran valor» por Jacob; Él veía que ella no era amada. Tenemos un Dios que tiene claro nuestra necesidad más profunda y secreta en todo momento. Génesis 29:32 nos revela Su regalo para ella, algo tangible, que le permitiría sentirse valorada y con propósito.

Y concibió Lea, y dio a luz un hijo, y llamó su nombre Rubén, porque dijo: Ha mirado Jehová mi aflicción; ahora, por tanto, me amará mi marido.

Rubén significa, «¡mira, un hijo!». Aunque el día tal vez no haya tenido valor relacional para Jacob, el hecho de que Lea haya concebido a Rubén validaba que ella tenía valor funcional. Como el primogénito, portador del nombre de la familia, Rubén tenía el derecho a una doble porción de la herencia. Este honor ancestral, dado al primogénito, aseguraría la bendición para Lea también. En el versículo anterior, la palabra «vio», viene de la palabra hebrea *ra ha* que significa «observó». Lea supo así que Dios estaba intelectualmente consciente de su circunstancia.

Para reflexionar:

Lee los siguientes pasajes. Escribe tus observaciones

Éxodo 3:7-8; 4:31

Salmo 25:15-21

Al leer estos pasajes, ¿qué esperanza encuentras?

La palabra hebrea que Lea utiliza para amor es *ahavá*, que indica «un deleite en y un apego emocional hacia el receptor u objetivo del afecto (no estando restringido a relaciones humanas, pero al mismo tiempo ejemplificando profundidad de apego a objetos virtudes y moralidad)». Era justo que Lea anhelara que su esposo se deleitara en ella y que se apegara a ella emocionalmente. Ella estaba enamorada. Ella sabía que no podía competir con la profundidad multifacética del amor que Jacob tenía hacia su hermana Raquel. Su Esperanza era que, a través de su hijo, Jacob llegara un día a amarla.

Lea anticipaba que Jacob viniera más a menudo a su morada por el bien de su heredero. «¡Mira un hijo!». No puedo evitar imaginar a Lea exuberante alzando a Rubén hacia el cielo en el momento que se lo presenta a Jacob, anhelando su aprobación, tanto hacia ella, como hacia su hijo.

El rechazo es una carga pesada para el alma humana, particularmente cuando el rechazo viene sin razón alguna. Lea entendía la raíz de este rechazo y buscaba ser liberada de él.

Para reflexionar:

¿Has experimentado el rechazo por parte de alguien que desesperadamente querías que te amara y te mostrara su aprobación? Si es así, ¿cómo sientes que este rechazo te ha afectado?

_____
_____
_____
_____

¿Sabes que el Señor conoce el dolor del rechazo por aquellos que Él tan desesperadamente quiere amar? Él le dijo a Su pueblo en Éxodo 20:2-5: «Yo soy Jehová tu Dios [...] que te saqué de la tierra de Egipto, de casa de servidumbre [...]. No tendrás dioses ajenos delante de mí. No te inclinarás a ellas, ni las honrarás; porque yo soy Jehová tu Dios».

En Éxodo 24:3, Moisés transmitió a los Israelitas lo que Dios tenía para decirles y ellos respondieron: «Haremos todas las palabras que Jehová ha dicho». Pero al llegar a Éxodo 32:8, el pueblo de Dios ya había violado su promesa y estaban adorando a un ídolo. Encontramos en las páginas de las Escrituras que continuaron en este patrón de rechazo.

Para reflexionar:

Lee los siguientes pasajes.
Escribe tus observaciones sobre cómo la gente rechazó buscar a Dios para seguir a los hombres.

Deuteronomio 9:7

Jueces 2:11

1 Samuel 8:6-8

Isaías 53:3

Juan 1:11

Cada una de nosotras somos culpables de poner de lado a Dios, ignorando sus intentos de atraernos a sí mismo. Así como Jacob hacia Lea, nosotros cumplimos nuestras obligaciones para con Dios, pero no nos deleitamos en Él, incluso en aspectos íntimos de nuestras vidas.

Para reflexionar:

Lee Apocalipsis 2:1-4

Escribe cuáles eran las quejas de Dios hacia la iglesia de Éfeso.

Podemos solo existir para cumplir nuestras obligaciones y deberes, pero la intención de Dios no es que vivamos entumecidos. Es al deleitarnos en Él, al permanecer en Su amor y siendo canales de Su amor hacia otros, que nuestro gozo será cumplido (Sal. 37:4; Juan 15:11-12). Si tan solo Jacob hubiera confiado en su Dios lo suficiente para que Él le diera *ahavá* por Lea, la vida dentro de su relación hubiera sido más feliz.

Para reflexionar:

¿Cómo es tu relación con Dios y con aquellos más cercanos a ti?

¿Estás solo existiendo o viviendo?

Si observas que solo estás existiendo, ¿estás dispuesta a pedirle a Dios que te dé maneras en las que puedas «deleitarte en» y apegarte a Él y a aquellos que están involucrados en tu vida?

La encarnación de Cristo como el hijo prometido, un «Rubén» para María, fue anunciada primeramente por Gabriel en Lucas 1:26-35 y fue profetizada por Isaías cientos de años antes en Isaías 9:6-7. Aunque el nacimiento de Rubén no proveyó un camino para remendar la relación entre Lea y Jacobo (como Lea había esperado), el nacimiento de Jesús iba a proveer el camino para remendar la relación entre Dios y el hombre.

Conceptos claves para atesorar

1. Tenemos un Dios que sabe cuál es nuestra necesidad íntima más profunda y secreta.

2. El rechazo es una carga pesada para el alma humana, particularmente cuando el rechazo viene sin razón alguna.

3. Es al deleitarnos en Él, al permanecer en Su amor y siendo canales de Su amor hacia otros, que nuestro gozo será cumplido.

Anotaciones personales:

SEMANA 4

Atención exclusiva

«*Concibió otra vez, y dio a luz un hijo, y dijo: Por cuanto oyó Jehová que yo era menospreciada, me ha dado también éste. Y llamó su nombre Simeón*» *(Gén. 29:33).*

¿Te has encontrado alguna vez luchando con el sentimiento de que aparentemente nadie te está escuchando?
¡Qué hermosa imagen de la naturaleza divina nos deja Lea aquí! Ella proclama sin duda alguna que el Señor había dado atención exclusiva y oído su clamor.

La palabra «oyó» en este versículo viene de la palabra hebrea ***shama***, que significa «escuchar con atención ininterrumpida». El Señor no solo había asentido con la cabeza o había contestado de manera superflua, sino que había escuchado sus oraciones y le había regalado un segundo hijo, por todo ese *menosprecio* que ella estaba soportando. Aquí se utiliza la palabra hebrea *sane*, que significa «oposición con preferencia negativa».

El nombre que ella eligió para su hijo fue Simeón, cuyo significado es «escuchar obediente». Lea no dice esto por una actitud de «debido a que me estás haciendo sufrir tanto, me debes una bendición». Más bien, ella está enfatizando la diferencia entre el

Dios de Jacob que ella ha llegado a conocer contra los dioses de sus ancestros.

La declaración de Lea sobre la naturaleza de Dios a través del nombre de su hijo Simeón es idéntica a la declaración por parte de Dios sobre quién es Él cuando le habla a Moisés desde la zarza ardiente: «Dijo luego Jehová: Bien he visto la aflicción de mi pueblo que está en Egipto, y he oído su clamor a causa de sus exactores; pues he conocido sus angustias» (Ex. 3:7).

Para reflexionar:

¿Qué dicen estos pasajes sobre la respuesta de Dios a los problemas de Su pueblo?

Génesis 16:6-13; 21:9-20

Salmo 106:43-45

Salmo 145:19

Isaías 63:8-9

Jonás 2:1-2

Ya sea el clamor de una sola voz que está sufriendo, o las voces de todo un pueblo, Dios brinda Su atención exclusiva. No se nos dice cómo fue que Lea llegó a aferrarse al Dios de Jacob; sin embargo, Génesis 31:30, 32-34 claramente indica que fue criada en un hogar idolatra.

Lea, en su desesperada situación, experimentó de primera mano que el Dios de Jacob estaba interesado en ella y en su situación.

Para reflexionar:

Lee el Salmo 115:3-15.

¿Qué contraste hace el salmista entre el Señor y los ídolos? Anota tus observaciones. (Un ídolo es cualquier cosa o persona a la que acudimos como un mecanismo de supervivencia en este mundo condenado por el pecado, en lugar de acudir al Señor por ayuda).

Cuando tú experimentas situaciones estresantes o difíciles, ¿a qué ídolos te ves tentada a acudir en busca de alivio?

2 Corintios 1:5

Hebreos 2:9-10

Nuestros ídolos pueden hacernos sentir mejor temporalmente, pero tan solo el gran Yo Soy puede saber exactamente lo qué necesitamos, en cualquier momento, para dar alivio y una solución, trayéndonos paz a pesar de nuestra circunstancia. En el libro *A Disruptive Faith* [Una fe disruptiva], A. W. Tozer elocuentemente resume esta doctrina de la naturaleza de Dios a la que Lea se aferró:

La expresión «tengas de él memoria», cuando el salmista pregunta «¿Qué es el hombre, para que tengas de él memoria, y el hijo del hombre, para que lo visites?», implica que el hombre es un elemento constante en la mente de Dios y que hace memoria de él continuamente (Heb. 2:6). La única excentricidad de nuestro gran Dios es que tiene una debilidad cuando del ser humano se trata. Y esto lo digo con gran reverencia. Puedo entender por qué Dios hizo casi todo lo que hizo. Es fácil comprender por qué Él hace algunas cosas, pero es muy difícil entender por qué Dios eligió amar a la humanidad y por qué nosotros estamos fijos en Su mente. Es uno de los fenómenos más raros de todo el universo.

Asociado a ello está la incapacidad de Dios de deshacerse de esa carga por la humanidad. Aunque Él eligió llevar esta carga, no por eso deja de ser muy pesada. El hecho de que el hombre esté fijo en la mente de Dios es como un clavo introducido en una madera y Dios no puede escapar de él [...]. El amor de Dios por la humanidad es un dolor —una herida del corazón—. La traición del hombre ha herido profundamente a Dios, pero Él se ve enredado en la dulce, pero dolorosa red de Su propio amor. En otras palabras, hablando en sentido figurado, Él está anclado a Su gran amor hacia la humanidad. El hombre es la imagen misma de Dios, Su orgullo, Su responsabilidad y al mismo tiempo Su problema [...]. Él se siente responsable por el hombre, aunque ciertamente no tiene responsabilidad moral alguna. El hombre rechazó todo esto cuando pecó. Pero Dios aun así asume la responsabilidad. Gimiendo bajo esta presión, Dios declara: «Pues he aquí, yo os apretaré en vuestro lugar, como se aprieta el carro lleno de haces» (Amós 2:13).[3]

Dios no puede actuar ajeno al sufrimiento humano. En el principio, Dios creó al hombre. En el principio el hombre y la mujer pecaron. Dios los vio. Dios escuchó. Dios juzgó. Dios llevó el fuego consumidor de Su propia ira sobre sí mismo para justificar nuestra culpa. Dios prometió. Dios proveyó.

Para reflexionar:

¿Qué dicen estos versículos sobre la respuesta de Dios ante la aflicción del hombre que está bajo la condenación del pecado?

Isaías 53:10-11

Lamentaciones 3:22-26

Juan 3:16-17

Efesios 2:4-10

¡Cuánta esperanza nos da la historia de Lea! Al oír su clamor debido al rechazo, Dios le envió un hijo, a Simeón, para recordarle que Él estaba escuchando atentamente cada súplica. El corazón de Lea necesitaba ser amado en forma tangible y encontrar deleite. ¿Qué mejor forma para lograr esto que con un hijo?

Para reflexionar:

¿Tienes una historia de cómo Dios específicamente escuchó tu ruego?

¿Has luchado con el sentimiento de que Dios no te escucha?

Nuestro pecado nos puso en una posición de ser rechazados por Dios. Dios es santo y no puede mirar el pecado (Isa. 59:1-2; Sal. 66:18). En el Salmo 66:19-20, el salmista confiadamente declara: «Mas ciertamente me escuchó Dios; atendió a la voz de mi súplica. Bendito sea Dios, que no echó de sí mi oración, ni de mí su misericordia». Dios observó el dilema del hombre. Por el pecado habíamos sido exiliados de la presencia de Dios, nuestro creador. Fuimos creados con una necesidad inerte de vínculo y comunión con Él.

Anteriormente, estudiamos cómo Dios, en Su amor, envió una solución para la condena del pecado. Él nos envió un hijo, «un Simeón» para mostrarnos que Él ve y escucha nuestro sufrimiento mientras vivimos en este mundo condenado por el pecado. Así como le envió a Lea ese hijo tangible en quien ella se deleitaría, quién la amaría y con quién formaría un vínculo, Dios nos envió a Su Hijo, Jesús, quien en forma tangible nos amaría y formaría un vínculo con quienes le permitieran saciar su necesidad.

Para reflexionar:

¿Qué expresan los siguientes versículos sobre cómo el Hijo de Dios respondió a la situación de la humanidad y lo que sintió hacia aquellos que se aferraban a Él y lo seguían?

Mateo 1:21

Juan 10:7-18, 27-28

Juan 12:44-50

Juan 15:13-16

Juan 17:9-16

¿Cuál es la esperanza que encuentras en estos versículos?

Ya lo hemos mencionado anteriormente, Lea era menospreciada por Jacobo porque ella era un recordatorio visual de la mentira y la traición de Labán. Recordar nuestro propio pecado o el pecado de otros nos hace sentir incómodos. Cristo fue menospreciado por esta misma razón. Lee Juan 15: 22 -25 ¿Qué dice sobre por qué Cristo fue odiado?

Dios no obligó a Jacob a dejar de menospreciar a Lea, pero Él estaba presente amándola y ministrando a su vida en medio de un ambiente hostil. Dios no va a forzar al mundo a que deje de odiar a Cristo o a sus seguidores. No nos va a sacar del ambiente hostil de este mundo condenado por el pecado (no todavía). Sin embargo, podemos estar seguros de que, así como hizo con Lea, Él ve, Él oye y Él revela Su amor para satisfacer nuestra necesidad más profunda de una manera personal.

Conceptos claves para atesorar

1. Ya sea el clamor de una sola voz que está sufriendo, o las voces de todo un pueblo, Dios brinda Su atención exclusiva.

2. Nuestros ídolos pueden hacernos sentir mejor temporalmente, pero tan solo el gran Yo Soy puede saber exactamente lo que necesitamos, en cualquier momento.

3. Dios no puede actuar ajeno al sufrimiento humano.

Anotaciones personales:

SEMANA 5

Pertenecer

«Y concibió otra vez, y dio a luz un hijo, y dijo: Ahora esta vez se unirá mi marido conmigo, porque le he dado a luz tres hijos; por tanto, llamó su nombre Leví» (Gén. 29:34).

Aunque Lea tal vez haya estado físicamente débil o haya sido de una naturaleza tímida, ella muestra una fortaleza mental asombrosa.

Cuando la situación de nuestra vida es menos que óptima, tenemos dos opciones: podemos mirar hacia adentro y hacia abajo, aislándonos, para luego darnos cuenta de que hemos sido derrotados por nuestras circunstancias; o podemos mirar hacia afuera y hacia arriba, para darnos cuenta de que no estamos solos en esta lucha y que el Señor nos va a ayudar a perseverar a pesar de nuestra circunstancia.

Para reflexionar:

¿Cuál es tu primera reacción cuando enfrentas una situación difícil?

_____

_____

¿Tiendes a mirar hacia adentro y hacia abajo o miras hacia afuera y hacia arriba?

Aquí vemos a Lea, enviando un mensaje con el nombramiento de su tercer hijo. Leví significa «el que hace la unión entre los suyos; unir, pegar, acompañar». Ella está invitando a Jacob a unirse a ella en el matrimonio. El nombre que ella escogió le comunica a Jacob que el matrimonio es más que un contrato legal, el cumplimiento de una obligación o de compartir una vivienda. Ella estaba prometiendo su lealtad y compromiso a su matrimonio con Jacob, aunque ninguno de los dos haya escogido al otro para ser su cónyuge. Lea confiaba que el Dios de Jacob podía darle a su matrimonio significado a pesar de que se haya originado de un engaño.

En Génesis 3 vemos cómo el engaño y la culpa provocaron un desastre en nuestro mundo. Todas las relaciones humanas se vieron afectadas, pero esto no se ve tan claramente en otros aspectos como en la relación matrimonial. Dos seguían siendo uno, pero el pecado introdujo una división.

El amor que se vivía dentro del Edén era algo que sucedía naturalmente y era perfectamente bueno. El amor fuera del Edén se convertiría en una decisión y sería difícil de mantener debido al conocimiento del mal (el pecado), donde antes solamente existía el conocimiento del bien.

El amor, entre otras cosas, ahora traería consigo una carga a la que el rey Salomón haría referencia en Eclesiastés 1:17-18: «Y dediqué mi corazón a conocer la sabiduría, y también a entender las locuras y los desvaríos; conocí que aun esto era aflicción de espíritu. Porque en la mucha sabiduría hay mucha molestia; y quien añade ciencia, añade dolor».

Hay dos palabras específicas utilizadas por Dios en la última parte del versículo 16 que son significativas para entender la profundidad de la «unión» matrimonial después del Edén.

La palabra «deseo» viene de la palabra hebrea *teshuqah*, que significa «estirarse hacia, anhelo, contentamiento». El contexto de las Escrituras sobre *teshuqah* provee un descubrimiento fascinante que vale la pena invertir tiempo para descubrirlo. ¡Te ruego me tengas paciencia!

En Cantares 7:10, la amada gozosamente proclama: «Yo soy de mi amado, y conmigo tiene su contentamiento (*teshuqah*)». Encontramos los otros usos de esta palabra en Génesis 3:16, que mencionamos anteriormente, y en Génesis 4:6-7, cuando Dios encara a Caín: «¿Por qué te has ensañado, y por qué ha decaído tu semblante? Si bien hicieres, ¿no serás enaltecido? Y si no hicieres bien, el pecado está a la puerta; con todo esto, a ti será su deseo (*teshuqah*), y tú te enseñorearás de él». El amor y el gozo estaban en una competencia con el pecado y el juicio buscando el dominio sobre la humanidad y el matrimonio, involucrando nuestras relaciones en una batalla diaria que Dios jamás pretendió que tuviéramos que luchar.

Adán y Eva tuvieron que aprender a relacionarse y a verse el uno al otro en una luz completamente diferente. Tenían que elegir mirar más allá de todo lo horrible que había revelado el pecado y elegir moverse más allá de la tendencia de querer culpar a Dios o culparse el uno al otro. Para que Jacobo morara «juntamente» con Lea, ambos tenían que reconocer la imagen de Dios en el otro; verse el uno al otro como un regalo y mirar más allá del engaño y la culpa que había forzado su unión.

Tuvieron que escoger amar para poder cosechar la bendición del gozo.

Para reflexionar:

¿En qué aspectos de tu matrimonio o diversas relaciones observas más evidencias de los efectos negativos del pecado?

¿Superan el amor y el gozo al pecado y el juicio, o sucede lo contrario?

¿Y qué hay de tu vida personal?

El conocimiento del mal afecta a cada individuo en forma diferente.

Para reflexionar:

¿Qué batallas te provocan el mayor estrés mental y emocional?

Toma estos asuntos y entrégalos al Señor. ¡Él es experto en escuchar!

La palabra hebrea *mashal*, qué significa «autoridad sobre o el dominio sobre algo», da la raíz a la palabra «gobernar». Esta es la segunda palabra que estamos enfatizando. Lea no quería estar en un matrimonio donde tendría un gerente «manejando» su vida, en el contexto del pecado y el juicio, sino uno en el que ella fuera atesorada bajo el contexto del amor y el gozo. Porque aún en el Edén, al juicio de Dios le siguió un pacto de esperanza que buscaba restaurar lo que el pecado había dañado. Efesios 5:22-33 se convierte en una riqueza aún más abundante y dulce en el contexto de unirse en una sola carne cuando lo leemos a la luz de Génesis en el contexto de unir *teshuqah* (deseo) y *mashal* (dominio). La consecuencia que sentimos por el peso de la división causada por el pecado en el matrimonio está empapada con la gracia de la presencia de Dios. Observamos esto en el pasaje de Efesios al referirse al matrimonio.

En Efesios 5:22-24, la sumisión voluntaria de la mujer al gobierno del marido (*mashal*) es una imagen de cómo debemos someternos voluntariamente a Cristo, como cabeza de la Iglesia (cuerpo de creyentes). En los versículos 25 y 29, se les pide a los esposos que amen a sus esposas como Cristo ama a Su Iglesia. Recordemos que en la semana 2 hablamos de que el marido debe identificar a su mujer como su «otro yo» que encarna su «plenitud», como la culminación de sí mismo, que fue impartida por Dios en su creación. El marido y la mujer tienen un papel desafiante que desempeñar.

La intención de Dios es que el matrimonio sea una exhibición tangible y física de Su relación con Su pueblo, siendo nuestro escenario un mundo maldito por el pecado, y nuestra audiencia los incrédulos. Cristo nos ama con un amor *agapao*, que implica «una dirección de la voluntad y encontrar gozo en algo». En el *agapao* hay deseo de amar. La esposa está llamada a reverenciar a su marido. El deseo y la sumisión, con gozo, son alcanzables cuando marido y mujer se esfuerzan por ser un conducto del amor de Cristo el uno para el otro (Ef. 5:2).

En Efesios 5:30 se nos recuerda nuestra identidad, «miembros de su cuerpo, de su carne y de sus huesos». Solo nos sentiremos completos y seguros en nuestra identidad cuando nos veamos como miembros de un cuerpo colectivo: el cuerpo de Cristo. La unidad residía en el Edén, ya que Adán, Eva y Dios vivían juntos colectivamente.

Eva se aisló cuando tomó la decisión individual de comer el fruto prohibido. ¡Qué mundo tan diferente sería si Eva hubiera incluido a Adán y a Dios en el proceso de decisión! No puede haber unidad dentro de una mentalidad individualista. El individualismo por sí solo alimenta el aislamiento y la división.

Efesios 5:31 enfatiza el matrimonio como un todo colectivo: «... los dos serán una sola carne». ¿Qué pasa si tú, como Lea, estás en una unión unilateral? Sigue el ejemplo de Lea, permite que tus palabras y acciones comuniquen a tu cónyuge tu deseo de la unidad que Dios pretende. No te aísles ni adoptes una mentalidad individualista, ya que esto hará que la cuña de la división sea más profunda. Después de todo, aunque estés atrapado en una unión unilateral o si no estás casado, sigues siendo miembro de un todo colectivo, que es la Iglesia de Cristo (Rom. 12:3-5; 1 Cor. 12:12-26).

Cada decisión que tomamos debe hacerse teniendo en cuenta el conjunto colectivo. Una mentalidad colectiva es contraria a nuestra cultura occidental, que celebra y venera el individualismo. No es de extrañar que muchos luchen por sentirse aislados. Fuimos formados por nuestro Creador para ser un miembro individual, unido a otros miembros y a un cuerpo. Hasta que no reconozcamos que fuimos diseñados para formar parte de un todo colectivo, siempre sentiremos que falta una parte de nosotros. Mientras Jacob no incluyera a Lea como parte de su conjunto colectivo, Lea y él no experimentarían el pleno gozo que supone estar unidos como uno en Cristo.

Lea deseaba la unidad con Jacob y, aunque sus esfuerzos parecían pasar desapercibidos y no ser reconocidos por Jacob, sus esfuerzos no pasaron desapercibidos para Dios. Cuando ella incluyó a su Creador en su vida diaria, en sus luchas y dependió de Él, Él satisfizo sus necesidades y le dio alegría en su unidad con Él. Dios mismo llenaría la pieza ausente que era Jacob.

Para reflexionar:

En tu toma de decisiones, ¿eres más colectivo o individualista por naturaleza?

¿Qué dicen estos pasajes sobre el colectivismo frente al individualismo?

Deuteronomio 12:5-8

Proverbios 11:14; 16:2-3

Romanos 12:10, 16

1 Tesalonicenses 5:15

Hebreos 10:24-25

El matrimonio es la unión sagrada, un juramente o un «Leví». Jesús enseñó en el evangelio que lo que Dios había unido al hombre no debía separarse (Mat. 19:6). A menudo, pensamos en términos de una persona externa que se entromete en un matrimonio; sin embargo, el contexto de la enseñanza de Jesús también habla de las personas dentro de la unión que actúan en un asunto que causa división. Jacob, el intruso, se había separado emocionalmente de unirse como una sola carne a Lea.

«Hacerse uno» implica la totalidad física, emocional y espiritual de una persona. La unidad parcial no existe. Las «relaciones» sexuales humanas no pueden separarse de los componentes emocionales y espirituales. Cuando se ignora alguno de estos aspectos en un matrimonio, el resultado puede ser perjudicial para la unión. Jacob aceptó la intimidad sexual como un beneficio del matrimonio, pero se separó emocionalmente de amar a Lea como su «segundo yo».

Cristo lo dio todo, física, emocional y espiritualmente, para que la división no tuviera que ser un factor en nuestra relación con Dios.

Para reflexionar:

Lee Efesios 2:14-18 y Efesios 4:1-5.

Escribe tus pensamientos sobre cómo el Señor busca un «Leví» con nosotros.

_____
_____
_____
_____

Él no quiere una relación por obligación. ¿Aceptarás Su oferta de «Leví» con Él?

_____
_____
_____
_____

¿Estás dispuesto a «amar al Señor tu Dios con todo tu corazón, con toda tu alma y con toda tu mente»?

_____
_____
_____
_____

Si te sientes como si te faltara una parte de ti, tómate un tiempo para examinar tu relación con el Señor (y con tu cónyuge, si es el caso).

_____
_____
_____
_____

Pertenecer

¿Estás reteniendo una parte de ti mismo? Para sentirnos completos y enteros, ¡debemos entregarnos por completo!

Conceptos claves para atesorar

1. No fuimos creados ni diseñados para cargar con el estrés que nos trajo el conocimiento del mal.

2. Después de la maldición, el amor y el gozo estaban ahora en competencia con el pecado y el juicio por el dominio sobre la humanidad y el matrimonio.

3. Cristo lo dio todo, física, emocional y espiritualmente para que la división ya no tuviera que ser un factor en nuestra relación con Dios.

Anotaciones personales:

SEMANA 6

El sacrificio de alabanza

Con el nacimiento de un cuarto bebé varón saludable, Lea estaba extasiada y lo único que podía emitir era alabanza. ¿Has recibido alguna vez tanta bondad de Dios que lo único que puedes hacer es brincar de felicidad (tal vez no fue así con Lea ya que recién había dado a luz) y tener un tiempo de alabanza espontánea?

«Concibió otra vez, y dio a luz un hijo, y dijo: Esta vez alabaré a Jehová; por esto llamó su nombre Judá; y dejó de dar a luz» (Gén 29:35).

Judá significa «alabado». La palabra hebrea para alabanza es *yadah*, que significa «extender la mano y confesar con reverencia para alabanza de un ser».

Alabanza no es meramente un sentimiento de contentamiento que surge después de una experiencia. La conciencia, emociones y la voluntad de una persona están entretejidas en la *yadah*.

La actitud detrás de *yadah* es humildad; sentirse tan indigno de la atención personal de Dios y Su bendición, pero aun así llenos de asombro y gratitud por Su devoción. La alabanza fluye naturalmente debido a la libertad que trae la confesión. No hay sentimiento que se compare a la euforia de estar completamente envueltos en alabanza, dejando de lado todas las luchas, abrumados con su paz en ese momento que somos cautivados con la presencia de nuestro Señor.

Para reflexionar:

Lee Salmo 142.

Basada en este salmo, ¿cuál crees que era la perspectiva de David sobre Dios?

_____
_____
_____

¿Cómo describirías la relación de David con el Señor?

_____
_____
_____

¡Es como si Lea pudiera haber orado las mismas palabras que David! Las luchas de Lea no han desaparecido; ella aún no ha visto cumplido el deseo de su corazón. Jacob aún no ha sido recíproco a la oferta de unirse a ella («Levi»). Sin embargo, ella elige enfocarse en alabar a su Señor. Hasta el momento, Dios era el único que había visto su situación, oído su gemir para así ser su compañía. Las necesidades que Jacob no satisfizo estaban siendo satisfechas por el Dios de Jacob. Ahora también era el Dios de Lea. Ella eligió ser agradecida por las cualidades redentoras que vinieron a través de una situación que le era imposible mejorar.

Para reflexionar:

¿Has experimentado situaciones que no mejoran a pesar de todos tus esfuerzos por corregirlas?

¿Te ha agobiado la desesperanza?

¿Clamas al Señor?

¿Acudes a Dios buscando que revele aspectos de Su naturaleza a través de esa dificultad?

¿Solo logras enfocarte en esa circunstancia difícil o logras hacerla a un lado y alabar a Dios que suple tus necesidades a pesar de la situación?

En las Escrituras encontramos el uso de la frase «el sacrificio de alabanza». La palabra gratitud viene de la palabra hebrea *todah* que tiene su raíz en la palabra *yadah*. *Todah* indica una extensión de las manos y una confesión.

Para reflexionar:

Levítico 7:12, 13, 15

Salmo 107:22

Salmo 116:17

Jonás 2:9

En Levítico vemos *todah* junto con la ofrenda de paz. En Salmos, el primer uso de la frase «sacrificio de alabanza» está debajo del tema cuando Dios rescata a Su pueblo de varias situaciones de angustia y problemas. El segundo lugar en el que aparece es bajo el tema de Dios rescatando a un individuo de la muerte, «las angustias del Seol (inframundo)». Jonás utilizó la frase en su clamor de arrepentimiento.

Sin importar el contexto en el que se ofrece un sacrificio de alabanza, ya sea en una ofrenda de paz, Dios viniendo a rescatar a la humanidad, o el clamor de arrepentimiento, todas estas situaciones tienen en común el reconocer la dependencia humana en el Dios soberano. No hay expresión más bella de la naturaleza de nuestro Dios relacional que en el uso que Lea le da a esta forma de alabanza, «Judá» en la Biblia.

La alabanza es una actitud del corazón donde la confesión y la gratitud no son mutuamente exclusivas. Una confesión es admitir humildemente la culpa; alabanza es cuando nos damos cuenta de que somos libres de esa culpa.

Así como la humildad es el resultado del perdón, la alabanza desborda de un corazón que se apropia de haber sido perdonado. En definitiva, la alabanza (*yadah*) sigue madurando hasta llegar a ser «el sacrificio de alabanza» (*todah*). Representa un corazón humilde que depende de Dios, que reconoce que Él es nuestra paz, nuestro proveedor y el que nos ha rescatado, y por ello elige enfocarse en todo lo que Él es y así evita dejarse envolver con las situaciones de la vida.

Es interesante ver que no alabar y un corazón desagradecido son dos características del hombre injusto. Lo vemos en Romanos 1:18-23. «Pues habiendo conocido a Dios, no le glorificaron como a Dios, ni le dieron gracias, sino que se envanecieron en sus razonamientos, y su necio corazón fue entenebrecido» (Rom. 1:21).

Una falta de alabanza y gratitud hacia Dios nos lleva a la muerte espiritual.

Romanos 2:4 nos hace la pregunta: «¿O menosprecias las riquezas de su benignidad, paciencia y longanimidad, ignorando que su benignidad te guía al arrepentimiento?». Reconocer la bondad de Dios no hace más que llevarnos a *yadah* y *todah*. Podemos ver este tema de la alabanza a través de los ojos de Lea en medio de su angustia y tribulación. Poder llegar a ofrecer un sacrificio de alabanza no es algo fácil. El sacrificio no coincide con aquello que es cómodo. Sacrificar implica una entrega de algo atesorado por el bien de alcanzar algo más con aún mayor valor. Requiere despojarse a uno mismo de ese «derecho». Para Lea, reclamar ese valor aún más alto significó confiar que ella en verdad era atesorada, querida por el Dios de Jacob, a pesar de no ser amada por el mismo Jacob.

Para nosotras hoy, reclamar aquello de mayor valor significa despojarnos «de todo peso y del pecado que nos asedia, y correr con paciencia la carrera que tenemos por delante, puestos los ojos en Jesús, el autor y consumador de la fe, el cual por el gozo puesto delante de él sufrió la cruz, menospreciando el oprobio, y se sentó a la diestra del trono de Dios» (Heb. 12:1-2).

Lea se despojó de todo peso en su vida aquí en la tierra y alabó a Dios. La canción de alabanza de Lea debe resonar en nuestros corazones, sabiendo que, sin importar los tiempos amargos en la vida, Dios es dador. Tanto Su naturaleza como sus obras merecen nuestra alabanza y nuestra gratitud.

Para reflexionar:

Lee Salmo 40:3.

¿Cuáles son los resultados de dar alabanza y estar agradecido?

Sin saber los planes que Dios tenía para este niño, Lea, en un tono de alabanza, lo nombró «Judá». Génesis 49:8-12 predice al Mesías, nuestro Señor y Salvador, que vendría del linaje de Judá.

¡Qué glorioso pensamiento! ¡Del cansado y agraviado vendría el linaje de Cristo! Como un presagio, sus sufrimientos apuntaban hacia el Mesías que vendría, sería rechazado y no deseado, pero aun así mostraría misericordia a la condición de la humanidad.

Para reflexionar:

Lee Juan 17.

Escribe en tus propias palabras cuáles fueron los «sacrificios de alabanza» que Jesús ofreció a Dios el Padre.

_____

_____

_____

Rodeado por la injusticia de este mundo y el rechazo de los suyos, Cristo oró Juan 17, sabiendo que Su muerte se aproximaba. La fuerza que impulsaba a Cristo era que Dios el Padre fuera glorificado y que los poderes y dones que el Padre le había dado fueran utilizados para cumplir la voluntad de Su Padre. «Padre, la hora ha llegado. Glorifica a tu Hijo, para que también tu Hijo te glorifique a ti; como le has dado potestad sobre toda carne, para que dé vida a todos los que le diste [...]. Yo te he glorificado en la tierra; he acabado la obra que me diste que hiciese» (Juan 17:1-2, 4).

Alabamos porque experimentamos el perdón. Perdonamos y experimentamos la libertad que tal amor trae porque Dios el Padre ama a Cristo y Él nos amó primero (1 Jn. 4:19; Apoc. 1:5-6). Jesucristo se ofreció a sí mismo como ofrenda, el sacrificio para que nosotros como portadores de Su imagen pudiésemos andar en ese amor una vez más. La ira de Dios el Padre fue satisfecha y el perdón nos fue otorgado por amor al nombre de Cristo (Ef. 5:1-2).

Para reflexionar:

Pedro nos invita a vivir un sacrificio de alabanza en 1 Pedro 4:14-17.

¿Encuentras similitudes entre el «sacrificio de alabanza» ofrecido por Cristo en Juan 17 y este «sacrificio de alabanza» en 1 Pedro 4?

Existe un proverbio muy común, «el tiempo cura todas las heridas», sin embargo, la Biblia declara en Salmo 147:3 que es Él quien «restaura a los de corazón quebrantado y cubre con vendas sus heridas». El tiempo no podía prometerle a Lea que obtendría ese amor que no lograba ganarse. Solo Dios posee el entendimiento infinito para sanar, encontrar y sostener lo que el alma anhela.

Para reflexionar:

Lee Salmo 145 y 146.

¿Qué aspectos de la naturaleza de Dios alaba el salmista? Haz un lista.

Encierra con un círculo los aspectos que te hablan sobre tu situación actual. Tómate el tiempo para alabar al Señor por estos rasgos que estás valorando en Él.

Aquellos «Judá» del alma son menos propensos a suceder cuando estamos rodeados de las comodidades terrenales. Lo más común es que los «Judá» son los sacrificios dentro de nuestra alma que esperan por aquel anhelo que aún no se ha visto satisfecho. La alabanza no está reservada para aquella parte de nuestra vida en la que nos encontramos en prosperidad, sino más bien para el cavilar del corazón, cuando las expectativas se ven desechas y lo que queda es solo un ruego meditativo por Su paz perfecta que trasciende toda circunstancia (Isa. 26:3-4).

Conceptos claves para atesorar

1. Una confesión es admitir humildemente la culpa; alabanza es cuando nos damos cuenta de que somos libres de esa culpa.

2. Sin importar los tiempos amargos en la vida, Dios es dador.

3. Solo Dios posee el entendimiento infinito para sanar, encontrar y sostener lo que el alma anhela.

Notas personales

SEMANA 7

La vida en la «sala de espera»

Génesis 29:35 nos dice que después del nacimiento de Judá, Lea «dejó de dar a luz». Había tenido varios años de «ganarse la lotería» culturalmente hablando. ¡Le nacieron cuatro hijos! El empujón emocional de haber visto la bendición de Dios sobre su vida al satisfacer su necesidad de tal manera le había llevado al estallido en alabanza, como lo vimos con el nacimiento de Judá.

Las Escrituras no ofrecen explicación alguna del por qué ya no podía concebir durante este tiempo. La vida está llena de circunstancias donde no encontramos respuesta dentro del razonamiento. Estos son los momentos cuando las respuestas se tornan más bien en otras preguntas o aun en dudas. Un vientre en descanso no era lo que ella había anticipado ni se había preparado para recibir.

Cuando las bendiciones a las que nos hemos acostumbrado de parte de Dios repentinamente se sienten distantes o ausentes, el miedo y la duda pueden penetrar en nuestro ser. La sensación de haber sido abandonados nos lleva a sentirnos vulnerables. Los periodos de tiempo en los que nuestras expectativas se ven forzadas a detenerse son esenciales para entender cómo se compara nuestra carne con nuestro Dios santísimo. El tema de toda la Palabra de Dios es ver a la humanidad a través de los lentes de la fragilidad, limitación y dependencia total en la naturaleza de Dios. Lea fue llamada a esperar en el Señor. Dios no retiene sin propósito alguno.

La idea de tener que esperar provoca en nosotros un descontrol. La incertidumbre de la vida fácilmente puede alejarnos de las mismas verdades y creencias que una vez afirmamos.

Los abatimientos del corazón se prestan para que empecemos a razonar con nosotros mismos. Al tomar los asuntos en nuestras propias manos, justificamos nuestros métodos y, por consiguiente, empezamos a dudar de los métodos de Dios. Aunque lo que estamos deseando puede ser en sí «bueno» y algo que anteriormente nos fue dado por Dios, lo que no es obra de Su mano y en sus tiempos no nos puede otorgar el gozo que viene al esperar en Él.

Cautivados por nuestras alternativas o manipulaciones en un intento de «ayudar» a Dios, fácilmente podemos caer en conductas que contradicen principios que tienen fundamento en la Palabra de Dios (Mar. 7:13). Incorporamos nuestra versión de justicia a las ordenanzas dadas por Dios. Este periodo en la vida de Lea no fue nada diferente.

El vientre fructífero de Lea le daba ventaja ante Jacob. Que su concepción fuese postergada fue devastador, un tiempo en el desierto espiritual. Sus niños eran su herencia, pero para su alma los embarazos eran señales de que Dios no se había olvidado de ella en sus sufrimientos. Las dudas comienzan a surgir cuando percibimos que estamos en ese lugar de «sequedad». Ya no hay nuevas revelaciones, no vemos nuevas bendiciones. Toda novedad desaparece y continuamos esperando mientras que lo trivial continúa.

Para Lea, esta era una posición atemorizante. «La no deseada» era ahora también «la estéril». ¡Claro, ella ya le había dado a Jacob cuatro hijos varones! Pero ninguno de ellos le habían asegurado el afecto que ella buscaba. Ignorada y emocionalmente aislada, Lea había esperado obtener el amor de Jacob y esa esperanza se sostenía mientras ella continuara dándole hijos. Sutiles pero poderosos son los pensamientos erróneos que declaran: «Si tan solo tuviera uno más, entonces estaría satisfecha».

Enfocarnos en la siguiente bendición o demandar más de cierta bendición en particular, puede estar basado en algo tangible y al mismo tiempo intrínseco. Para Lea, poder concebir era su bendición física y tangible, así como su señal de comunión espiritual con Dios y su afirmación de que Él tenía sus ojos puestos en ella. Por supuesto, tenemos bendiciones diarias, pero son las bendiciones triviales las que muchas veces no llegamos a apreciar. La mente que está saturada con esta manera de pensar tendrá dificultad para lograr encontrar la seguridad que viene al regocijarse y atesorar los dones que ya ha recibido.

Puede que tengamos conocimiento de las promesas de Dios, de Su *ra'ah* y Su *shama*, pero aun así dejamos de contemplarlas y sentirlas. Comenzamos a pensar que hemos llegado a una planicie y nos preguntamos qué anda mal. Muchas veces, en este estado mental, usurpamos aquello que no nos concierne, en lugar de someternos a la oración y a vivir en fidelidad, haciendo lo que hemos sido llamados a hacer: confiar y obedecer los mandamientos del Señor. Por el contrario, impacientemente trazamos nuestro propio camino y planeamos nuestras propias soluciones.

Naturalmente, nos enfocamos en aquello que es tangible primero. En otras palabras, queremos «señales». Lea comenzó a afirmar su seguridad de que Dios velaba por ella en las señales de su habilidad de concebir en vez de depender solo de la naturaleza de Dios y quién era ella en Él. Es importante destacar que el Espíritu Santo, el Ayudador y Consolador aún no había venido a morar en los corazones de los hombres y mujeres (Hech. 2:1-4). Lea tampoco tenía acceso a las palabras escritas de Dios. No obstante, nosotros tenemos la misma tendencia a querer demandar señales de parte de Dios cuando estamos en esos «desiertos espirituales», a pesar de ser la morada del Espíritu Santo, en quien podemos depender, y tener acceso a la Palabra de Dios. Robert Robinson, pastor y compositor inglés, escribió: «Propenso a desviarme, Señor, lo puedo sentir, propenso a dejar al Dios que amo». Estas palabras expresan correctamente la lucha constante de los hijos de Dios. La palabra desviar es utilizada 38 veces en la Biblia y no de una manera positiva (Prov. 21:16; Sal. 119:10). Cuando se utiliza la palabra desviar, hay un completo vacío, insatisfacción y abrumador sentido de inutilidad.

Desviarse significa una falta de claridad en la identidad. Cuando nos vemos envueltos en lo que hacemos o el papel que tenemos, hacemos conjeturas sobre las bendiciones de Dios que pensamos deberíamos recibir ante nuestra situación. El propósito de Lea, así como el nuestro, es glorificar al Señor.

La identidad que tenemos no depende de lo que hacemos o cómo lo hacemos ni qué papel jugamos. Más bien, nuestra identidad es quiénes somos como portadores de la misma imagen de Dios. Cuando perdemos de vista esta verdad fundamental, otro panorama de este mundo se entremeterá para deformar lo que es verdadero y bueno. No hay ninguna «señal» tangible que pueda reemplazar o agregar a la identidad que tenemos como portadores de Su imagen. Lo entendemos perfectamente, todos sentimos que nos desviamos. Nuestra conciencia lo afirma. Y aquí veremos cómo Lea cae presa de la tendencia a desviarse cuando la vida está demasiado quieta.

Lea imita las acciones envidiosas de su hermana Raquel para lograr tener hijos a través de tácticas culturalmente aceptables, en lugar de esperar en el Señor que es capaz de hacer que su vientre pueda concebir (Gén. 30:1-3, 9). Lea le presenta a Jacob a su sierva Zilpa como esposa, en una competencia con Raquel, quien presentó a su sierva Bilha como esposa para así darle hijos.

Lea eligió justificar sus medios para un fin en particular. El resultado fue un período de sequedad espiritual en el cual su alma se encontraba vagando. Discutiremos esta sequedad espiritual en las siguientes semanas al mirar los nombres de sus tres hijos que le nacieron durante este periodo en que Lea luchó con las formas de obrar de Dios.

Para reflexionar:

Lee Isaías 55:7–9.

¿En qué situaciones has sentido como si Dios estuviera a kilómetros de distancia y has luchado por ver o sentir Su presencia?

_____
_____
_____

Anota a continuación cómo te sentiste y cómo fue sobrellevar esta situación.

_____
_____
_____

Cuando nos examinamos con honestidad, encontramos que muy a menudo utilizamos nuestros propios métodos y establecemos lo que es culturalmente aceptable como un estándar justificable. Tales acciones son manipulaciones de nuestra carne.

Para reflexionar:

Lee Romanos 7:14-25.

Escribe tus pensamientos

_____
_____
_____

¿Estás de acuerdo con la perspectiva de Pablo al decir que la lucha es real?

_____
_____
_____

«Todos nosotros nos descarriamos como ovejas, cada cual se apartó por su camino...» (Isa. 53:6). Las tradiciones de los hombres son como la hierbas que ahogan la tierra fértil en nuestros corazones cuando el razonamiento, las emociones y la voluntad no se ven arraigadas en la verdad.

Nuestras perspectivas de cómo el Todopoderoso nos guiará o bendecirá no deben ser el fundamento por el que evaluemos nuestra seguridad espiritual. La duda no lleva a nuestras almas a anticipar la respuesta de Dios. Contrario a preguntar, la duda formula un prejuicio de lo que puede o no suceder. La duda rechaza la perseverancia de la fe para ver la obra completa que produce paciencia. Debemos elegir estar plenamente convencidos de la soberanía y sabiduría del Señor porque Él es siempre fiel. Los periodos de espera en la vida no se presentan para castigarnos, sino para que Él pueda completar Su obra y lograr Su plan.

Para reflexionar:

Lee Santiago 1:2-8 y Hebreos 10:32-39.

¿Cuáles son las recompensas de esperar confiados en el Señor que encontramos en estos pasajes?

Santiago 1:2-8

_____
_____
_____

Hebreos 10:32-39

_____
_____
_____

De acuerdo con los versículos anteriores, ¿hay lugar para la duda al experimentar tiempos difíciles en nuestra vida?

_____
_____
_____

En Habacuc 3:17-19, el profeta hace una elección deliberada e intencional de «alegrarse en Jehová» y «gozarse en el Dios de su salvación» a pesar de no tener señales tangibles de bendición. Él exhibe confianza en Dios como su fuente de fortaleza y recurso para poder caminar la senda rocosa y empinada en la que se encontraba. La tristeza se convierte en gozo cuando podemos seguir el ejemplo de Habacuc en los momentos de la vida en los que nos toca esperar y aferrarnos a las promesas de Dios, recordando que Él no nos ha abandonado y que aún tiene el control (Fil. 1:6).

Para reflexionar:

¿Qué pasos nos aconseja Pablo tomar durante tiempos de incertidumbre en Filipenses 4:4-20?

_____

_____

_____

Lea había dejado de concebir y su temor era ser aún más repudiada por Jacob. No podemos criticar duramente a Lea en su intento de brindar una solución culturalmente aceptable para su infertilidad. La jerarquía social en la que ella había nacido estaba moralmente cegada a los errores encontrados en el derecho de adueñarse de otro ser humano. En aquellos días, el estatus social se categorizaba por el derecho de nacimiento. Las siervas y los esclavos eran propiedad de sus señores.

No fue hasta fines del siglo XIX, bajo el liderazgo tenaz de William Wilberforce, que el movimiento abolicionista presenció un giro paradójico. El resultado fue una preocupación a gran escala y a nivel social por la injusticia dentro del mercado de esclavos y de la esclavitud en sí misma. Sin embargo, la mayor parte de la historia humana está inescrutablemente centrada en servidumbre y esclavitud.

Tales acciones, que muchas veces pasan sin cuestionamiento alguno en cuanto a lo moral, deberían despertar en nosotros un autoanálisis en áreas de ceguera moral. Siempre debemos examinar lo que hacemos a través del lente de Dios dado en sus ordenanzas, no en nuestros propios patrones de pensamiento o prácticas culturalmente aceptables. Las ambiciones egocéntricas nos pueden llevar a tomar decisiones que afectan a otros de manera negativa. El motivo detrás de nuestras elecciones no puede ser una actitud de «haz esto por mí, dame esto a mí». Lea obligó a Zilpa a entrar en una relación condicional para buscar su propio beneficio.

El dicho popular «haz a otros como tú quieres que te hagan a ti» es la medida de oro con la que valoramos el intercambio moral moderno, no obstante, poca referencia se hace a la fuente de este principio (Luc. 6: 31). Arrogantemente presumimos que bajo circunstancias similares nosotros actuaríamos por encima de lo aceptable y elegiríamos de manera diferente. Por supuesto, quisiéramos albergar la esperanza de que Lea no eligiera utilizar a Zilpa de esta manera, pero no fue así.

¡Qué irónico! La idea de que Zilpa sería una esposa no amada y sufriría emocionalmente, parece haber escapado a los pensamientos de Lea. Viéndolo desde nuestra perspectiva del siglo xxi, nosotros queremos a una Lea que se vista de heroína y sea una reformadora social que desafíe el *status quo*. En lugar de ello, observamos una tragedia comunal. Lea hizo a un lado la persona de Zilpa para su beneficio personal. Zilpa fue un regalo que le fue entregado a Lea por Labán, semejante al trato que ella también había experimentado por parte de su propia familia y su esposo.

Para reflexionar:

Parte 1. Lee los siguientes versículos y escribe cuál es la idea principal de cada versículo.

Génesis 1:27

_____
_____
_____
_____

Isaías 43:7

_____
_____
_____
_____

Gálatas 3:28

_____
_____
_____
_____

Santiago 2:1-9

_____
_____
_____
_____

Apocalipsis 4:11

_____
_____
_____
_____

Para reflexionar:

Parte 2. Después de leer los versículos anteriores,
¿Cuál es la actitud de Dios hacia todos los seres humanos?

_____
_____
_____

¿Tienes áreas de prejuicio que provocan una ceguera moral?

_____
_____
_____

La ordenanza de Dios en Génesis 1:27-31 era que el hombre y la mujer debían compartir la responsabilidad de dominio sobre la tierra de manera equitativa, nunca «enseñoreándose» el uno sobre el otro.

Subsecuentemente, la esclavitud es resultado directo de la caída, una consecuencia del pecado en un mundo condenado. La cultura dictaba que Zilpa era posesión de Lea; el vientre de Zilpa no le pertenecía a ella. El propósito de Zilpa era someterse a lo que Lea dispusiera.

Dios creó a Zilpa como portadora de Su imagen, al igual que a Lea. Y Él desea que ella sea solo para Él, con el propósito de darle gloria a Él. Si Lea hubiera prestado más atención y meditado en oración sobre el asunto de entregar a Zilpa a Jacob, posiblemente no hubiera utilizado a Zilpa de esta manera. Al entregar a Zilpa para ser una esposa más de Jacob, Lea estaba encaminándose hacia la incredulidad por no esperar en el Señor.

Para que la ordenanza de Dios de «ama a tu prójimo como a ti mismo» penetre en lo más profundo de nuestra alma y se refleje en nuestra manera de vivir, se requiere que «llevemos todo pensamiento cautivo» (2 Cor. 10:5). Debemos elegir ver a todas las personas como portadoras de la misma imagen de Dios, pues va en contra de nuestra naturaleza pecaminosa (Rom. 12:3, 10). Proponte estar alerta a cualquier enfermedad social escondida en tu conciencia, pero presente en tus actitudes y acciones. ¿Dependes de otros y los utilizas para cumplir tus deseos en lugar de llevarle tus deseos al Señor para esperar en Él? Debemos aprender a someter cada acción a Dios y a esperar en Él.

Para reflexionar:

Lee Isaías 64:4.

¿Alguna vez te has encontrado en una situación en la que esperaste que el Señor proveyera la solución?

¿Cómo lo viste obrar?

¿Recuerdas una situación en la que elegiste buscar tu propia solución?

¿Cuál fue el resultado?

Algunas veces implementaremos nuestras propias soluciones y puede que nos resulte bien, sin embargo, nos negamos la oportunidad de ver a Dios obrar a nuestro favor y así crecer en nuestra fe en Él. Además, quizás nos estemos privando de algún bien aún mayor al conformarnos con esa solución, por más buena que sea. Si tan solo hubiéramos esperado, podríamos haber tenido la mejor solución de parte de Dios. Ni las circunstancias ni la cultura cambiarán quién somos en Dios. La posición de Lea ante los ojos del Dios de Jacob no cambió simplemente porque ella dejó de concebir.

El silencio de parte de Dios parece ser ensordecedor. La quietud de Dios parece ser insoportable. A veces, es más difícil tener valor y ánimo en los momentos de espera de nuestra vida. Un corazón desesperado busca respuestas. Clamamos junto con David: «¿Hasta cuándo, Jehová? ¿Me olvidarás para siempre? ¿Hasta cuándo esconderás tu rostro de mí? ¿Hasta cuándo pondré consejos en mi alma, con tristezas en mi corazón cada día? ¿Hasta cuándo será enaltecido mi enemigo sobre mí?» (Sal. 13:1-2). Durante los periodos de espera empezamos a alimentarnos de estas mismas alucinaciones: «¿Hasta cuándo? ¿Me olvidarás para siempre?». Por supuesto, ¡Dios no se ha olvidado! «¿Para siempre?». ¡Qué fácil es exagerar cuando somos impacientes! «¿Hasta cuándo esconderás tu rostro de mí?». Nos preguntamos por qué Dios parece estar evitándonos a propósito. «¿Hasta cuándo pondré consejos en mi alma?». Nos aislamos porque nos sentimos solos. «¿... con tristezas en mi corazón cada día?». ¡Nos encanta autocompadecernos! «¿Hasta cuándo será enaltecido mi enemigo sobre mí?». Andamos por ahí derrotados y sin esperanza.

Para reflexionar:

Lee cada pasaje y escribe qué es lo que nos enseña sobre esperar.

Salmo 27:14

_____
_____
_____
_____
_____

Salmo 123:2

_____
_____
_____
_____
_____

Isaías 40: 31

Hechos 1:4

Romanos 8:19, 23, 25

2 Tesalonicenses 3:5

    Aun el paraíso del Edén involucraba tener que esperar. Todos los días, el Dios invisible e intangible descendía en forma visible para estar en comunión con Adán y Eva. Tenían que esperar a que el Señor descendiera. Si tan solo Adán y Eva hubieran esperado para discutir la propuesta de la serpiente, el Señor les hubiera dado el poder de «usar correctamente la palabra de verdad» y salvarlos. Pero Adán y Eva no esperaron, sino que razonaron por sí mismos y el resultado fue culpa y muerte (Gén. 3:6-7).
    Adán y Eva decidieron que Dios no era suficiente. Utilizando su razonamiento llegaron a la conclusión de que «el conocimiento del bien y el mal» era algo bueno para ellos (Gén. 2:16-17). En

contra del deseo de Dios experimentaron la muerte, el fruto de la maldad. Desde ese día, hemos sentido todo el peso que viene con el «conocimiento del mal». Con nuestra impaciencia, al no querer esperar en el Señor ni contentarnos en medio de Su bendición, decidimos que Dios no es suficiente. Al igual que Eva, y luego Adán, no discernimos correctamente el conocimiento del bien y el mal. Alejados del Señor, el dador Eterno de la vida, no podemos «usar correctamente la palabra de verdad» para ser aprobados por Dios.

Job tuvo que esperar en el Señor en medio del sufrimiento más allá de lo que la razón humana erróneamente intentó explicar (Job 4-37). Noé tuvo que esperar el juicio del Señor contra toda la humanidad mientras que todos lo veían como una locura (Gén. 6). Abraham y Sara fueron llamados a esperar la promesa del Señor más allá de lo que era posible físicamente (Gén. 18:1-15; 21:1-2).

Lea debía decidir que Dios era suficiente y elegir esperar en Él. Nuestra fuerza para esperar viene de Dios cuando confiamos en que lo que Él ha permitido es algo bueno. Aunque no podamos contemplar al Dios invisible, sus obras siempre son visibles para nosotros (Rom. 1:20). Sin importar cuán desesperantes se tornen nuestras circunstancias, debemos aprender a resguardar nuestros corazones para que cuando seamos tentados a poner a prueba nuestro «conocimiento del bien y el mal» y a querer solucionar las cosas a nuestra manera, no perdamos de vista la eternidad.

Para reflexionar:

Lee Jeremías 17:5-10.

De acuerdo a este pasaje, ¿qué viene como resultado cuando confiamos en nuestros razonamientos?

El desierto espiritual es el resultado de la inquietud del espíritu descontento al tener que esperar. Lea necesitaba aprender el contentamiento con lo que Dios le había dado. Lograr aprender contentamiento no es fácil; no es algo natural en nosotros. Es un entendimiento sobrenatural de la paz de Dios que va más allá de las circunstancias.

El apóstol Pablo fue claro en su carta a los Filipenses cuando dijo que él también tuvo que aprender a estar contento con lo que tenía. Demasiadas veces desafiamos la soberanía de Dios forzando nuestros propios deseos del corazón. La angustia de la soledad dio lugar a la amargura, convenciendo a Lea de que Dios no era suficiente. Esta mentalidad llevó a Lea a ejercer su «conocimiento del bien y el mal» al entregar a su sierva para que sea la que concibiera hijos en su lugar. Es interesante ver que Dios y Su naturaleza están ausentes en los siguientes tres nombres que Lea le dio a los hijos que le nacieron en este desierto espiritual.

Para pensar:

¿Hay áreas en tu vida en las que te cuesta esperar en el Señor?

¿Estás dispuesta a reconocer que Él es suficiente?

_____
_____
_____
_____
_____
_____

Lleva al Señor tus luchas en oración.

Conceptos claves para atesorar

1. Nuestras perspectivas de cómo el Todopoderoso nos guiará o bendecirá no deben ser el fundamento por el que evaluamos nuestra seguridad espiritual.

2. A veces, es más difícil tener valor y ánimo en los momentos de espera de nuestra vida.

3. Lograr aprender contentamiento no es fácil; no es algo natural en nosotros. Es un entendimiento sobrenatural de la paz de Dios que va más allá de las circunstancias.

Notas personales

SEMANA 8

Manipular a Dios

«Y Zilpa sierva de Lea dio a luz un hijo a Jacob. Y dijo Lea: Vino la ventura; y llamó su nombre Gad» (Gén. 30:10-11).

Gad significa «fortuna». El nombre Gad implica que una tropa ha arrasado una ciudad para llevarse los despojos o saquear sus fortunas. Que Lea persiguiera insistentemente su propia solución para lograr lo que quería, era un intento fallido de obtener lo que Dios anteriormente había hecho a su favor. Debido a su anhelo por demostrar que Dios no la había abandonado, ella robó de Su gloria. Que Zilpa concibiera durante el periodo de infertilidad de Lea significaba una «señal» impuesta de que Dios la estaba bendiciendo para obtener estima a los ojos de Jacob. Los bienes robados hacen que perdamos la anticipación del gozo auténtico por el don recibido de parte del Dador. Dios promete a sus hijos una herencia que va más allá de nuestra imaginación.

Para reflexionar:

Lee Efesios 1:7-12 y Colosenses 1:15-18.

¿Encuentras en este pasaje un tema en común?

_____
_____
_____
_____
_____

La pregunta entonces es: ¿elegimos confiar en que Él «no quitará el bien a los que andan en integridad» (Sal. 84:11)? Su gloria no puede ser saqueada, porque Dios la volverá a redimir para sí mismo (Col. 1:19). Colosenses 2:6-10 nos anima a estar arraigados en Él y establecidos en nuestra fe, llenos de gratitud. Nos advierte que no debemos dejarnos llevar por las filosofías y tradiciones de los hombres. Se nos enseña que en Él está la plenitud de todo y que en Él estamos completos. Él es Dios. Él es el que da. Nosotros no podemos «saquear», robar, o manipular para obtener la salvación, ni ninguna otra bendición. Él da a quien Él quiere dar, por Su naturaleza generosa (Mat. 5:45).

La estabilidad y seguridad que buscamos rápidamente se tornará inestable cuando escogemos confiar en soluciones humanas, como nos advierten Mateo 7:21, 26 y Santiago 1:2-8. Las soluciones humanas no le dieron a Lea el afecto de Jacob. Saqueamos solo cuando percibimos que no hay otra manera de conseguir lo que queremos. «Toma las cosas en tus manos», nos dicen. Irónicamente, las soluciones humanas muchas veces son las que más atraen porque parecen las más tangibles. Desde nuestra perspectiva humana, nos gustan las soluciones que nos traerán resultados visibles lo más rápido posible.

¿Por qué buscamos respuestas humanas cuando la perspectiva del hombre está limitada al momento que está viviendo? No podemos estar completamente seguros de lo que sucederá más allá de ese momento; entonces, no podemos estar completamente seguros de que nuestra solución será exitosa y resolveremos nuestra situación. Pero la perspectiva que Dios tiene de ti es ilimitada. Él ve nuestro futuro. Sus soluciones sí funcionan. No de acuerdo con nuestro calendario, sino de acuerdo con sus tiempos, que incluyen una perspectiva mucho más grande.

Para reflexionar:

Lee Salmo 146:3-6, Jeremías 29:11, Jeremías 33:2-3 y 2 Pedro 3:8. Contesta las siguientes preguntas sobre cada uno de estos pasajes.

Salmo 146:3-6

¿Como son resaltadas en este pasaje las diferencias entre la solución del hombre y la de Dios?

_____
_____
_____
_____

Jeremías 29:11

¿Qué dice este pasaje sobre los propósitos de Dios implícitos en sus soluciones?

_____
_____
_____
_____

Jeremías 33:2-3

En este pasaje, ¿cómo es resaltada la habilidad superior de Dios para entender nuestra situación y proveernos de una solución?

_____
_____
_____

2 Pedro 3:8-9

¿Qué dice este pasaje sobre la perspectiva de Dios y del hombre en cuanto al tiempo?

_____
_____
_____

Recuerda que la confianza es dependencia, es seguridad en las fuerzas de alguien o algo para un soporte futuro. Es imperativo que meditemos en el impacto que esto tiene sobre nuestras acciones. Cuando nos jactamos de nuestras maneras para conseguir aquellos ¨beneficios¨, recurrimos a nuestra vanidad y no buscamos la gloria de Dios. Cambiamos los beneficios temporales de nuestros placeres por las recompensas eternas que se nos darán en los cielos.

Meditar en la perspectiva grandiosa de Dios nos guía a alabarle. La alabanza está ligada directamente a la confianza, no solo en el conocer a Dios, sino también entender el papel que Él juega en nuestras vidas. La verdadera alabanza involucra dejar de lado nuestros deseos, nuestros anhelos y nuestra perspectiva de lo bueno que anhelamos y creemos que es necesario para nuestra felicidad, para así celebrar la confianza en Su cuidado soberano. Alabamos no porque Dios nos debe algunos de esos «buenos» deseos de nuestro corazón, sino porque Dios se entrega a sí mismo, aparte de cualquier cosa en la que nosotros podamos basar nuestra felicidad. Asociar la alabanza con recibir los deseos de nuestro corazón aquí en la tierra es una práctica que puede confundirnos. Fácilmente podríamos empezar a idolatrar esos objetos tan preciados más que a nuestro Creador, la fuente de todo don perfecto (Sant. 1:17).

Luego Zilpa la sierva de Lea dio a luz otro hijo a Jacob. Y dijo Lea: Para dicha mía; porque las mujeres me dirán dichosa; y llamó su nombre Aser (Gén. 30:12-13).

Aser significa «feliz». «Las mujeres me llamarán "la feliz"», proclamó Lea. El nombre que ella eligió es el derivado de la raíz *Asher*, dando la idea de prosperidad como resultado de una vida exitosa. Al parecer, que Lea haya usurpado esta bendición resultó a su favor y consiguió exactamente lo que ella quería. ¡Tuvo éxito! Después de todo, la solución que escogió Lea le había otorgado dos hijos.

Sin embargo, ¿qué costo tuvo el hacer las cosas a su manera? Le faltaba esa práctica cotidiana de reflejar la naturaleza de Dios en los nombres que elegía. La ambición de Lea se centraba en recibir el reconocimiento humano más que el amor de Jacob y su aceptación. ¡Quería que las mujeres hablaran bien de ella! ¡Su solución estableció que ella sería una mujer que había producido seis hijos! ¡Seis hijos varones saludables! Sin duda, su vientre era la envidia y le otorgaba una jerarquía entre las mujeres de su tiempo.

Sin duda estarían celosa de ella, como estaba su hermana; ¡y aún más tal vez! Sí ya no lograba conseguir el favor y la aceptación que ella tanto anhelaba de su esposo, se conformaría con la atención y los cumplidos que le darían otros.

Para nuestro beneficio, Isaías 9:16 nos da una advertencia: «Porque los que guían a este pueblo lo extravían; y los guiados por ellos son confundidos» (LBLA). La palabra «guían» utilizada aquí es la misma palabra *Asher* en hebreo. De acuerdo con Isaías, la felicidad que depende del reconocimiento humano es destructivo. Los errores espirituales que hacen que nos desviemos de los mandamientos de Dios son en realidad tiempos de hambruna espiritual que secan nuestra alma y destruyen el gozo. «He aquí vienen días, dice Jehová el Señor, en los cuales enviaré hambre a la tierra, no hambre de pan, ni sed de agua, sino de oír la palabra de Jehová» (Amós 8:11).

Las implicaciones de estos últimos dos nombres apuntan a cómo los caminos de los hombres nos envían en una cacería incansable en la que siempre estamos tratando de alcanzar lo que el hombre no puede proveer: afirmación personal, amor incondicional y un sentido de pertenenciá.

La seguridad de Lea, que descansaba en poder dar a luz, en vista de la bendición de recibir a Aser, refleja un «evangelio de prosperidad». Aunque el «evangelio de la prosperidad» no era una frase utilizada en los días de Lea, vemos sus principios vivos y latentes en esta historia. Eclesiastés 1:10 señala: «¿Hay algo de que se puede decir: He aquí esto es nuevo? Ya fue en los siglos que nos han precedido». El objetivo de esta falsa enseñanza es que a través de la habilidad personal podamos crecer en la fe hasta tal punto en el que Dios, por fin, nos pueda liberar de las penas sufridas desde Génesis 3: la condenación que conocemos en esta vida. El favor de Dios en el alma se convierte en algo que está directamente ligado a la fe humano-céntrica. Los individuos tienen el poder de ir tras lo que determinen necesario para su éxito, y con suficiente fe, Dios se unirá a ellos en sus emprendimientos para que ellos logren alcanzar lo que están buscando.

De alguna manera, esta falsa teología sitúa a Dios alineándose a las maneras humanas, porque nuestra felicidad es Su mayor preocupación. En otras palabras, cuando las expectativas personales no se cumplen o no salen como lo habíamos planeado, simplemente es porque no tuvimos la suficiente fe para así merecer el favor completo de Dios. Qué manera conveniente para justificar que somos propensos a buscar nuestras propias soluciones cuando las circunstancias y situaciones no van en la dirección que nosotros deseamos. Con cuánta facilidad le damos crédito a esta manera de pensar.

La felicidad que Lea logró utilizando estas acciones estaba basada en sus propias obras de justicia. En lugar de actuar en servicio a su Creador, confiando y descansando en Su dirección y Su paz al seguirlo, Lea se propuso actuar para tener bendiciones y al mismo tiempo manipular el favor de Dios hacia ella.

A la larga es más fácil lidiar con una esperanza diferida que con una que vez tras vez te hace preguntarte si estás haciendo lo suficiente para merecer los resultados deseados de parte de Dios. De un lado debemos esperar en paz, sabiendo que Dios va a obrar, confiando en Su plan y en Su naturaleza generosa (Sal. 35:27-28). La otra opción involucra inseguridad personal, pues debemos constantemente buscar soluciones para nuestra vida (Fil. 3:7-10; Col. 3:23-24).

Una vez que la verdad penetra en nuestro corazón, produce un ablandamiento que rápidamente despierta el gozo que hace tanto tiempo ha estado durmiendo, en lugar de intentar ser feliz o personalmente ganar el «favor de Dios». Créeme cuando te digo que el verdadero gozo, a pesar de las circunstancias, puede ser hallado cuando nuestra motivación es hacer feliz a Dios.

Juan 15:5-11 enseña que Dios se glorifica cuando permanecemos en Él y llevamos fruto al guardar sus mandamientos. Si permanecemos en Su amor y en sus mandamientos, en lugar de luchar para retener el amor de los hombres y sus tradiciones, nuestro gozo será completo. Si nos encontramos luchando para intentar controlar una situación, y como resultado estamos sintiendo ansiedad por tener que producir los resultados deseados, esta es una fuerte indicación de que no estamos eligiendo permanecer en Él. Lo que este mundo considera como valioso o indigno no es lo que Dios tiene en alta estima.

¿Está mal desear el favor y la alabanza de los hombres? No, si ese favor y esa alabanza es una reacción natural a una vida motivada por querer darle la gloria a Dios en todo lo que hacemos día tras día (1 Rey. 4:34; 10:1, 6-9; Prov. 31:30-3; Luc. 2:52; Fil. 1:9-11). Pensar que nosotros, en nuestras propias fuerzas, somos capaces de saber lo que es bueno y agradable aparte del Dador de toda buena dádiva, es una afrenta contra Dios (Sant. 1:16-18; 4:14-16). El consejo de Dios es suficiente para vencer cualquier pena que cargamos. Él no mira tan solo el resultado, sino que Él ve el motivo del corazón (1 Sam. 16:7; Prov. 16:2). Nuestras obras de justicia deben surgir de una armonía con las dádivas de la gracia de Dios. Una teología centrada en Dios debe dominar nuestras acciones.

Para reflexionar:

Lee Jeremías 17:5-10.

¿En qué maneras este pasaje hace una distinción entre confiarle nuestros deseos del corazón a Dios y a los hombres?

Lee Proverbios 22:1, Proverbios 31:30-31, Hechos 24:16 y 1 Pedro 2:12.

¿Cuáles serían las razones correctas para recibir el favor y la alabanza de los hombres?

Proverbios 22:1

Proverbios 31:30-31

Hechos 24:16

1 Pedro 2:12

El Señor no promete sacarnos de tierras desiertas y áridas, pero Jeremías 17:7-8 promete que la persona que confía y pone su esperanza en el Señor «no se fatigará en el año de la sequía» (Sal. 121). Un espíritu angustiado da lugar a que nuestro razonamiento humano tome el control, impidiendo que Su verdad penetre en nuestro corazón. Esta es la lucha del alma en el viaje de la vida.

Para reflexionar:

¿Estás descontento con tu situación actual?

¿Sientes que estás en un lugar de «tierras secas»?
_____
_____
_____

¿Anhelas algo más? ¿Sentir más amor? ¿Sentirte más exitosa? ¿Sentirte más necesitada? ¿Más bendecida?
_____
_____
_____

¿Que promete Salmo 32:7-11 y Malaquías 3:16-18 a los que eligen a Dios por encima de las soluciones humanas en medio de sus luchas?
_____
_____
_____

Esta es la lucha emocionante de cada creyente en Cristo que va en busca de favor. Dios da evidencia de que Él está consciente de las tentaciones que enfrentamos; esas tentaciones que quieren que vacilemos, que no busquemos en Él nuestra felicidad.

Dios no está ajeno a la lucha interna entre el bien y el mal. Sin embargo, la lección que tenemos que aprender es que no debemos esculpir una imagen de Dios en nuestras mentes que nos haga pensar que podemos actuar de alguna manera que haga que Él nos tenga que dar sus bendiciones a la fuerza (Sal. 103).

Aparentemente, Lea no estaba completamente lista para confiar en Dios y en sus métodos. Entre el nacimiento de Aser y su siguiente hijo se encuentra una historia poco conocida, pero fascinante. Superstición, mito y folclore son parte intrínseca de la historia humana. Algunos están tan arraigados en la cultura que no nos damos cuenta de cuánto nos influencian. Estas «vanas imaginaciones» pueden dar como resultado «razonamientos necios» (Rom. 1:18-23, 25).

Fue Rubén en tiempo de la siega de los trigos, y halló mandrágoras en el campo, y las trajo a Lea su madre; y dijo Raquel a Lea: Te ruego que me des de las mandrágoras de tu hijo (Gén. 30:14).

Aquí observamos el valioso tesoro de haber encontrado una mandrágora. Esta planta venenosa (*mandragora officinarum*) era muy valiosa por su rareza. Es una planta que crece en la región the Padan-aram (actual Siria), donde moraba la casa de Jacob. Esta hierba, de la familia de las solanáceas, está asociada históricamente con sus usos y propiedades tanto medicinales como místicos. Lo que la identifica son sus raíces bifurcadas que se parecen al cuerpo humano. De ahí que se haya originado la creencia mística de que posee poderes mágicos y afrodisíacos (Cantares 7:13).

Conocida como la «manzana del amor», así como la «manzana del diablo por sus efectos alucinógenos», la mandrágora era atesorada.[4] Aunque esta planta tenía beneficios farmacéuticos, el relato de Génesis es con un aspecto místico. Aunque la mandrágora tiene flores de color lila y enormes hojas verdes, Rubén no tan solo eligió un ramo de flores silvestres para su madre. Él le trajo una droga. Rubén sabía que él estaba llevándole un regalo que desde la antigüedad había sido galardonado. Raquel vio esto y tuvo envidia. La respuesta de Lea nos provee de un vistazo a la profundidad de la rivalidad latente entre estas dos hermanas.

Y ella respondió: ¿Es poco que hayas tomado mi marido, sino que también te has de llevar las mandrágoras de mi hijo? Y dijo Raquel: Pues dormirá contigo esta noche por las mandrágoras de tu hijo (Gén 30:15).

Se creía que las mandrágoras incrementaban la producción de semen, por consiguiente, incrementaban la posibilidad de concebir. Si había alguien que necesitaba una mandrágora, era esta mujer que sufría de infertilidad, ¿no es así? Si bien Lea había dejado de concebir, Raquel era estéril. Raquel quería esta droga conocida por sus poderes sobre la fertilidad. Lea hace un intercambio. Por la atención de Jacob, Lea daría a cambio algo que era considerado un lujo en esos días. La mandrágora fue intercambiada por sexo con Jacob. Lea le informó de lo acordado y él estuvo de acuerdo.

Cuando, pues, Jacob volvía del campo a la tarde, salió Lea a él, y le dijo: Llégate a mí, porque a la verdad te he alquilado por las mandrágoras de mi hijo. Y durmió con ella aquella noche (Gén. 30:16).

Lea, la que ahora no tiene mandrágoras, es la que va a concebir. Las supersticiones sobre la mandrágora harían que el vientre estéril de Raquel permaneciera vacío. Dios se ríe de la sabiduría del mundo. «Porque lo insensato de Dios es más sabio que los hombres, y lo débil de Dios es más fuerte que los hombres» (1 Cor. 1:25). Entregar aquello que el mundo estima requiere que confiemos en los brazos eternos y en las promesas que Dios nos ha hecho (Sal. 119:25-39).

Conceptos claves para atesorar

1. Meditar en la perspectiva grandiosa de Dios nos guía a alabarle.

2. Cuando lo que toma nuestro corazón y sostiene a nuestro espíritu es la alabanza temporal de los hombres, perdemos de vista nuestra perspectiva eterna.

3. El consejo de Dios es suficiente para sobrellevar y vencer la tristeza.

Notas personales

SEMANA 9

FAVOR ASEGURADO

«Y oyó Dios a Lea; y concibió, y dio a luz el quinto hijo a Jacob. Y dijo Lea: Dios me ha dado mi recompensa, por cuanto di mi sierva a mi marido; por eso llamó su nombre Isacar» (Gén. 30:17-18).

Isacar significa «contratar, ganancia o recompensa». Una vez más Lea falsamente presume que Dios recompensó el método que ella eligió para asegurar Su favor. Al hacer esto, pervierte la gracia de Dios. La fe que debe ser obtenida o asegurada por medio de algo que el hombre deba o pueda hacer, no viene de Dios. Su misericordia y sus dones de gracia no son como los hilos de un títere que se mueven en respuesta a nuestras acciones. Lea malversó las bendiciones de Dios al utilizar a Zilpa para darle hijos a Jacob; ella percibía que ellos eran recompensas por sus acciones.

La naturaleza generosa de Dios no está tan solo limitada a aquellos que están en Su favor. Como ya lo hemos visto anteriormente, Mateo 5:45 nos enseña: «Para que seáis hijos de vuestro Padre que está en los cielos, que hace salir su sol sobre malos y buenos, y que hace llover sobre justos e injustos».

Por lo tanto, la bendición no es necesariamente la aprobación de nuestras elecciones en alguna circunstancia en particular. Sus dones de gracia no son marcadores válidos para determinar dónde estamos espiritualmente.

Lea estaba luchando con su identidad personal. Había entregado a su sierva como otra esposa para Jacob, tuvo que «saquear» para conseguir lo que deseaba y pagó (cuando entregó las mandrágoras) para obtener intimidad física con su esposo. En medio de todo este dolor y su lucha por entender por qué había quedado estéril, Lea demuestra una conducta que la define y es demasiado familiar para nosotras.

Ella tenía la idea de que al «alquilar» los afectos de Jacob finalmente fue recompensada con el nacimiento de un quinto bebé. Su razonamiento era que requería trabajar para obtener la bendición. ¿Que nos dicen las Escrituras sobre este pensamiento? ¿Así es como el Señor otorgar sus bendiciones? ¿La economía de las bendiciones del Señor funciona de la misma manera que el sistema del mundo? ¿Debemos alquilar nuestros servicios para recibir sus recompensas?

Para reflexionar (parte 1)

En los pasajes a continuación, ¿por qué cosas paga o recompensa el mundo?

Génesis 30:28; Éxodo 2:9; 2 Crónicas 24:12

_____
_____
_____
_____

2 Samuel 10:6; 2 Reyes 7:6

_____
_____

Esdras 4:5; Nehemías 6:12-13; 13:2

Hageo 1:6

Para reflexionar (parte 2)

Lee Génesis 15:1 y Salmo 16:5.

¿Qué sistema de recompensas o pago utiliza Dios? ¿Quién es la mayor recompensa o ganancia?

En los siguientes pasajes, ¿a quién y qué tipo de recompensa promete dar Dios?

1 Samuel 26: 3; Proverbios 11:18–19

Colosenses 3:23-24; Proverbios 26:10

A veces nosotros queremos prosperidad cuando lo que Dios quiere es perseverancia. Deseamos el favor de Dios cuando Dios desea fe. Tenemos hambre de control, pero Dios nos está llamando al contentamiento. Buscamos ver resultados cuando Dios lo que busca es obediencia. Fallamos en obtener la gloria del Señor como nuestra recompensa.

Obrar para nuestra salvación es algo que fácilmente torcemos con la idea de las recompensas que esperamos del Señor, en lugar de contemplar las bendiciones que ya tenemos en Él. No es lo que *será*, sino lo que *ya es*. Cuando hablamos de las bendiciones del Señor, hacer esta distinción no es tan solo por semántica y léxico. Es crucial estar seguros de que vemos a Dios de la manera en la que Él se ha revelado a sí mismo y no según nuestra imaginación.

Las recompensas por parte del Señor no están basadas en nuestras obras de justicia (Sal. 130:3). Porque, ¿quién podrá estar en pie ante Él? (Sal. 24:3). Sus bendiciones son dones a todo aquel que invoca Su nombre (Isa. 61:10; 1 Cor. 1:2-9).

Para reflexionar:

Lee Efesios 2:1-10.

Sin Cristo, ¿cómo vivimos?

_____
_____
_____
_____

¿Cuál es el propósito de la obra de Cristo?

_____
_____
_____

«Ahora vemos por espejo, oscuramente» (1 Cor. 13:12). Como seguidores de Jesucristo, ¡ya poseemos la recompensa! Si no fuera así, la vida de Cristo, Su obra, Su muerte y Su resurrección hubieran sido en vano. La recompensa ya está allí para que nosotros nos apropiemos de ella. Es posible mediante el sacrificio de Cristo; no por obras para que ninguno pueda gloriarse. ¿Por qué habría el Creador de inclinarse para ver, escuchar y redimir? Porque Él es galardonador de los que lo buscan (Heb. 11:1, 6).

Podemos entender mejor la gracia de Dios al comprender que Él es el Dador. Él derramó Su amor sobre nosotros «siendo aun pecadores» (1 Jn. 3:1; Rom. 5:8). No es que el Señor contrate nuestros servicios, sino más bien nos ha hecho herederos por medio de la fe, dándonos el don de vida eterna (Rom. 8; 6:23). Somos coparticipes como herederos de la gloria de Dios y la plenitud de Dios el Padre, Dios el Hijo y la presencia de Dios el Espíritu Santo. Como ya hemos leído claramente en las Escrituras, la recompensa está establecida para aquellos que creen en Él. No hay nada que podamos hacer para agregar a esta «buena obra» que Él comenzó en aquellos que lo buscan, porque Su promesa es perfeccionarla «hasta el día de Jesucristo» (Fil. 1:6). «Los ojos de Jehová están sobre los justos [...]. Claman los justos, y Jehová oye...» (Sal. 34:15, 17). El Dios que todo lo ve, *ra'ah*, el Dios que todo lo oye, *shama*, no está solo para aquellos que están en la cima de las montañas, ¡sino también para los que están en los valles y desiertos espirituales! «Venid a mí todos los que estáis trabajados y cargados, y yo os haré descansar [...]. Porque mi yugo es fácil, y ligera mi carga» (Mat. 11:28-30). Dios no pretende que nosotros llevemos la carga de redimir el bien. La obra de Cristo es suficiente porque solo Él ha declarado: «Consumado es» (Juan 19:30). Él cargó nuestros pecados en la cruz y después de Su resurrección nos dio el regalo del Espíritu Santo para el aquí y el ahora, capacitándonos para llevar buen fruto (Gál. 6:22-25).

Aunque la fe sin obras es muerta, las Escrituras aclaran que no es nuestra responsabilidad fabricar las buenas obras. El Señor no nos entrega a las maneras de este mundo, dejándonos para que «el fin justifique los medios». Cristo es el principio y el fin, el Alfa y el Omega (Apoc. 21:6). Los fieles deben «ocuparse» en lo que es bueno por medio de la confianza y la obediencia en el Señor, permitiendo que Él restaure el quebrantamiento experimentado en esta vida. Por esta razón, el esplendor del cielo está construido por un fundamento no hecho por mano humana (Ef. 2:18-22).

¿Cómo logramos conquistar la culpa y la vergüenza, cuando todo nuestro esfuerzo en hacer buenas obras, que nos cuestan tanto emocional y físicamente y aun así nos dejan en desolación espiritual, para que Dios pueda tomarlo y convertirlo en algo bueno? Así como Lea hizo con Dios, nosotros debemos aprender a mirar a *ra'ah* a través de los ojos de Cristo. El arrepentimiento, reconciliación y restauración pueden elevar nuestro espíritu para recordarnos a quién le pertenecemos. De esta manera podremos ver las circunstancias desde una perspectiva santa, estando en ese desierto espiritual en donde Dios habla directamente a nuestra alma. La benevolencia del Señor es un atributo único, en contraste con cualquier otro dios. Él anhela oír nuestras súplicas para que nos acerquemos a Él, no para que sintamos necesidad de escondernos en vergüenza.

En algún momento entre Isacar y la concepción de su sexto hijo ocurrió un renuevo espiritual en la vida de Lea. Lea volvió su vista a los días en los que le nació Judá. La paciencia que Dios nos muestra durante nuestras luchas refleja Su conocimiento íntimo del estado de nuestro corazón (Prov. 20:27; 1 Tim. 1:12-16). Él es el único que ve el corazón humano, al «hombre interior». ¡Es asombroso pensar en cuán pacientemente el Señor aguarda que el Espíritu de Dios logre penetrar en el que es tierno de corazón! Quien se desvía no está perdido para siempre. En esos momentos en los que nos alejamos y estamos a la deriva sin rumbo en los desiertos de la vida, Dios nos da el empujón que nuestra alma necesita para volver a Él. Aquí, Lea sirve como ejemplo vivo del por qué Jesús enseñó que los puros de corazón verán a Dios (Mat. 5:8).

Lea era pura de corazón. Aunque Dios tenga que reprender o permitir que el sufrimiento se alargue, Él se asegurará de que lo conozcan (Heb. 10:35-39). Los puros de corazón no están libres de pecado, sino más bien reconocen el hecho seguro, «es pues la fe la certeza de lo que se espera, la convicción de lo que no se ve» (Heb. 11:2). Cualquier recompensa que el mundo obtenga al vivir por vista la pierde por su incapacidad de llenar la persistente inquietud en su interior.

En contraste, el puro de corazón se aferra a la fe, la esperanza de lo que aún no ve; y esto es lo que calma el espíritu cuando Dios aún no se revela a sí mismo en una manera visible para nuestra limitada visibilidad humana. Lea finalmente logró ver los misterios del reino celestial, a pesar del dolor, y así ella levantó la mirada una vez más, para rogarle a Aquel que tenía su corazón en sus manos. La fe es el campeón por excelencia ya que posee la habilidad de ver la realidad y al mismo tiempo aferrarse a la esperanza futura (Heb. 11:6).

Cuando andamos en intimidad con nuestro Dios, la evidencia de ello no puede sino desbordarse hacia varios aspectos de nuestra vida diaria. La evidencia en la vida de Lea fue el retorno a buscar ilustrar la naturaleza de Dios en los nombres que eligió para sus últimos dos hijos.

Aunque su sueño terrenal de ganar el amor y el favor de Jacob persiste como un anhelo incesante en su corazón, ella parece haber aceptado que nunca podrá ganar esa batalla.

En las próximas semanas veremos cómo Lea volvió su enfoque a Aquel que verdaderamente la amaba y la atesoraba más allá de lo que Jacob alguna vez podría hacerlo. La fuerza y el consuelo que ella obtiene, la paz a la que se aferra, el amor al cual nunca renunciará y la esperanza que ella tiene como su fundamento profético apuntan a la culminación de lo que solo Cristo puede ser para ella.

El fantasma silencioso de la desesperación se disipa y somos transformadas de algo débil en nuestros pensamientos a poder hablar de una manera que proclama fuertemente la verdad a nuestros corazones. No fuimos creadas para vagar ni estar ajenas al amor. Fuimos creadas para morar en vida abundante (Juan 10:10).

Conceptos claves para atesorar

1. Los dones de gracia dados por Dios no son marcadores válidos para saber dónde estamos espiritualmente.

2. Dios no pretende que nosotros llevemos la carga de redimir lo bueno.

3. La paciencia de Dios con nuestras luchas refleja Su conocimiento íntimo del estado de nuestro corazón.

Favor asegurado

Notas personales

SEMANA 10

Encontrar nuestro nicho

«Después concibió Lea otra vez, y dio a luz el sexto hijo a Jacob. Y dijo Lea: Dios me ha dado una buena dote; ahora morará conmigo mi marido, porque le he dado a luz seis hijos; y llamó su nombre Zabulón» (Gén. 30:19-20).

Zabulón significa «morar». Como seres humanos eso es lo que hacemos, moramos. Para Lea, y aun para muchos hoy en día, la respuesta a la incógnita «¿a dónde pertenezco?», es una búsqueda continua. La vida está rodeada de momentos de supervivencia. En la tierra, muchas veces sobrevivimos dentro de los límites de nuestro entorno y cultura, ya sea para bien o para mal. En el ámbito espiritual, las Escrituras son para todos los hombres, sin importar en qué momento de la línea temporal histórica vivan. La Palabra de Dios es, fue, y siempre será.

Dios no está tan interesando en dónde moramos, sino en cómo moramos. Estos dos aspectos son muy diferentes. Nosotros moramos contemplando el presente, el aquí y ahora. Pero Dios mora en la eternidad. Él desea que nosotros también moremos con la noción de la eternidad continuamente en nuestros corazones y mentes. Nuestro lugar de morada aquí en la tierra es algo pasajero. Cómo respondemos a la gloria de Dios en el lugar donde moramos tiene consecuencias eternas (Prov. 1:33; Heb. 11:13-16). Reconocer a Dios como Padre de toda buena dádiva demostró un aprendizaje por medio del contentamiento evidenciado en la tranquilidad de Lea (Luc. 11:13; Sant. 1:17). Depender del Dios de Jacob llegó a ser para ella una morada gloriosa, aunque aún se aferraba a la esperanza de que algún día Jacob moraría con ella. El matrimonio fue diseñado para que dos seres moren juntos como una sola persona en la presencia del Señor. Todos tenemos esa necesidad inerte de unidad y relación porque fuimos creados a la imagen de un Dios unido y relacional.

Para reflexionar:

Lee Malaquías 2:10, Efesios 4:2-5, 1 Juan 5:7.

¿Qué comunica cada uno de estos pasajes sobre la unidad?

Malaquías 2:10

Efesios 4:2-5

1 Juan 5:7

Para reflexionar:

Lee 2 Corintios 6:16, Jeremías 32:38- 39 y Tito 2:11-14.

¿Qué indican estos pasajes sobre las relaciones?

2 Corintios 6:16

Jeremías 32:38-39

Tito 2:11-14

    El matrimonio es un cuadro terrenal de la unidad y el diseño de la relación que Dios pretende compartir con los hombres desde la creación, donde el hombre moraba en Su presencia. Dios le dio a escoger al hombre dónde morar. Adán y Eva eligieron morar en oposición a los límites dados por Dios, causando división y rivalidad tanto en su relación con Dios, como en la relación entre ellos mismos (Gén. 3:7-8, 12).

    Gracias sean dadas a Dios que en Su gracia (no por el obrar del hombre), proveyó un medio de restauración (1 Ped. 1:17-21). Al rehusarse a morar en la presencia del Señor junto a Lea, Jacob estaba violando el límite dado por Dios en Mateo 19:6: «Así que no son ya más dos, sino una sola carne; por tanto, lo que Dios juntó, no lo separe el hombre».

«Ahora morará conmigo mi marido» es un concepto difícil para la mente occidental (especialmente la de los europeos y americanos). Las revoluciones del siglo XIII que marcaron la liberación de los Derechos Humanos, abrieron las puertas a las libertades individuales, permitiendo que trascendieran a todo ser humano. El establecimiento de gobiernos democráticos, la abolición de la esclavitud, los derechos de la mujer, y darle mayor valor a nutrir la personalidad de los niños, ha expandido lo que en generaciones pasadas era inalcanzable para un individuo.

De estas revoluciones socio-modernas, los movimientos feministas y los avances tecnológicos, hoy tenemos mayor libertad para elegir dónde y con quién moraremos en este mundo. En el mundo de Lea, esto era algo absurdo. Su identidad estaba directamente relacionada con su esposo.

Amar a alguien que está resentido es difícil y dolorosamente antinatural. Aunque podemos admirar a alguien que ame de esa manera, no es algo que nosotros aceptemos con alegría. ¿Para qué darle amor a alguien que lo rechaza? ¿Por qué desear morar con una persona que ignora tus esfuerzos de intimidad y no se muestra recíproco emocionalmente para el beneficio de la relación? Está dentro de nuestro instinto natural como seres humanos alejar todo aquello que potencialmente podría volver a causar dolor dentro de nuestras relaciones. ¡Lea parece algo absurda a nuestros ojos! Ella no aleja a Jacob. En lugar de esto, tiene la esperanza de ver las características transformadoras del amor venciendo el resentimiento que Jacob tiene hacia ella.

Un lugar de seguridad emocional evoca la búsqueda de una vida feliz, una vida saludable, una vida libre, próspera y larga. Aunque las culturas difieren enormemente en lo que es considerado de estima, todos tenemos en común el deseo de vivir seguros y alejados de aquellos que interfieren con esta ambición. «La seguridad» no se distingue por buscar morar pacíficamente con quiénes, sin importar lo que hagas, te utilizan. Aun así, Lea eligió amar. El amor de Lea no estaba ciego, sino que tomó la forma más noble de caridad. Su amor era poderosamente implacable (1 Cor. 13).

Lea tenía un corazón testarudo. Tal amor es un don desinteresado de gracia y hace eco de un amor ágape que está motivado por lo que el dador del amor considera que el otro necesita.

El amor ágape no está motivado por recibir de forma recíproca y equitativa lo que invierte en la relación, ni tampoco lo motiva lo que ha dado para satisfacer los deseos de aquel que ama. Lea proveyó para Jacob su mayor necesidad aquí en la tierra; aunque él no lo sabía, necesitaba ser amado a pesar de sí mismo.

El Señor le dijo a David en el Salmo 12:5: «Por la opresión de los pobres, por el gemido de los menesterosos, ahora me levantaré, dice Jehová; pondré en salvo al que por ello suspira». Dios soberanamente orquesta nuestra seguridad, sin importar cuáles sean las circunstancias que nos rodean en ese momento. Recibimos este regalo o «dote» al unirnos a Cristo, como en un matrimonio, morando con Él y en Él.

Reflejado en la búsqueda del amor de Jacob por parte de Lea está la búsqueda de Cristo por el amor de Su novia. Aquí en la tierra, nuestro Zabulón, nuestra morada muy pocas veces va a ser un lugar de seguridad relacional. Pero Dios, a través de Cristo en Su búsqueda y amor infalible por Su novia, nosotros los redimidos, es una fuente constante y fiel de seguridad. Él mora con nosotros voluntariamente en todo momento. ¡Qué esperanza y qué paz surge al saber que no tenemos que dudar de Su morada con nosotros! Podemos morar seguros sabiendo que las buenas dádivas del Señor nos han sido otorgadas desde antes de la fundación del mundo.

«Por lo cual estoy seguro de que ni la muerte, ni la vida, ni ángeles, ni principados, ni potestades, ni lo presente, ni

lo por venir, ni lo alto, ni lo profundo, ni ninguna otra cosa creada nos podrá separar del amor de Dios, que es en Cristo Jesús Señor nuestro» (Rom. 8:38-39).

Dios nos creó, busca amarnos y quiere en esa búsqueda morar con nosotros (Sal. 68:18-19). No importa cuán patética sea la circunstancia, el corazón es elevado por encima de la maldad que lo rodea con «la paz de Dios que sobrepasa todo entendimiento, que guardará vuestros corazones y mentes en Cristo Jesús» (Fil. 4:7). Clama al Señor en tu aflicción, tal como lo hizo David en el Salmo 118:5. ¿Cuál fue el resultado? «Y me respondió Jehová, poniéndome en lugar espacioso». La próxima vez que te encuentres «entre la espada y la pared», pídele a Dios que te otorgue Su perspectiva, ¡que es mucho más amplia y eterna!

Para reflexionar:

De acuerdo con Romanos 8:17-18, ¿a qué podemos aspirar más allá de nuestro presente sufrimiento?

No podemos tener un fundamento más seguro sobre el cual construir nuestro lugar de morada. Solo Dios puede capacitarnos para soportar las tormentas que se avecinan dentro de este ambiente condenado por el pecado (Mat. 7:24-27).

Dios moró en medio de un grupo de gente de dura cerviz mientras los llevó por el desierto (Ex. 29:42-43; 40:38), moró en el arca del pacto durante la apostasía de Israel (renunciaron a sus creencias religiosas, 1 Sam. 4:4). También moró en el templo hecho por manos humanas cuando Israel gozaba de prosperidad en la tierra prometida (1 Rey. 6:11-13; 1 Crón. 6:17-18). Dios moró como un bebé, niño y hombre entre un grupo de gente religiosa y pagana que elegían idolatrar autoridades humanas (Isa. 7:14; Juan 1:14; Mateo 1:23, 4:13-17). Dios mora en el corazón de todo aquel que cree en Él y lo sigue (Juan 14:16-17; 1 Cor. 3:16). Dios morará con los redimidos del Señor; los que perseveran morarán en el cielo para siempre (Apoc. 7:15, 21:3).

Conceptos claves para atesorar

1. Todos tenemos la necesidad inerte de unidad y relación porque fuimos creados a la imagen de un Dios unido y relacional.

2. Dios le dio a elegir a la humanidad dónde moraría en relación con Su presencia.

3. ¡Qué esperanza y paz surgen al saber que no tenemos que dudar de que Él morará con nosotros!

Notas personales

SEMANA 11

LA VIDA NO ES JUSTA

«Después dio a luz una hija, y llamó su nombre Dina» (Gén. 30:21).

Dina significa «juzgada, vindicada». Lea se aferró al hecho de que, aunque sus asuntos en esta vida no recibieron justicia, había alguien que quitaría todo su reproche. Es como si hubiese resuelto ya no idear su propia justicia, sino apoyarse en el hecho de que solo Dios puede justificar y confirmar sus derechos. Al ponerle el nombre a su única hija, Lea proclamó su confianza en Dios como su único y suficiente defensor.

Para reflexionar:

Lee Salmo 119:9-40.

Al enfrentarnos a la vida diaria y sus desafíos, ¿en qué cosas debemos enfocar la mirada?

_____
_____
_____

¿Cuáles son algunas de las cosas de las que debemos alejarnos?

Cuando reconocemos que Dios es nuestro Defensor y confiadamente declaramos junto a David «mas yo en ti confío, oh Jehová; digo: tú eres mi Dios. En tu mano están mis tiempos...» (Sal. 31:14-15), descubrimos una fuente de valor para enfrentarnos a todo lo que la vida nos depara. ¿Sabías que Dios considera tus problemas? (Heb. 4:5-16; Sal. 31:7). ¡Él ya estuvo donde tú estás! Hebreos 12:3 nos recuerda que debemos considerar «a aquel que sufrió tal contradicción de pecadores contra sí mismo, para que vuestro ánimo no se canse hasta desmayar».

Para reflexionar:

Lee Hebreos 2:18.

Ya que Cristo sufrió tal hostilidad y rechazo, ¿qué le permite Su experiencia hacer por nosotros?

¿Qué tipo de esperanza te da a ti también cuando experimentas estos desafíos?

¿Sientes que la vida no es justa? ¡No lo es! La justicia humana es diferente entre una cultura y la otra, y entre una generación y otra. Todos estos factores hacen que la noción de lo que es justo cambie. Vivir en un mundo condenado por el pecado y estar sujetos a los caprichos de la justicia humana hace que la vida aquí en la tierra sea más complicada. ¿Te preguntas si Dios verdaderamente está consciente de tus luchas? ¿Cuestionas por qué no interviene a tu favor?

David pronunció las mismas palabras que Cristo en el Salmo 22:1: «Dios mío, Dios mío, ¿por qué me has desamparado? ¿Por qué estás tan lejos de mi salvación?». En Salmo 22:3-5, David hace memoria de la santidad de Dios y Su fidelidad al rescatar a aquellos que antes de él habían transitado por esos caminos difíciles. Dios es un Defensor que es justo e imparcial, que odia la injusticia (Prov. 11:1); Él ve (Jer. 17:10) y Él juzgará (Sal. 37:12-15, 18-19; 1 Rey. 8:39).

Para reflexionar:

¿Cómo nos dice Dios que debemos, a la luz de Su justicia, sobrellevar las situaciones de la vida que no son «justas»?
Lee Romanos 12:17-21. Escribe tus meditaciones.

Aunque nuestro propósito a veces pueda ser muy diferente a lo que habíamos visualizado, y aunque nuestras esperanzas terrenales no lleguen a ser cumplidas, los propósitos de Dios y nuestra esperanza eterna nunca se verán interrumpidas por la carga de la que no podemos despojarnos aquí.

Después de años de vida injusta, José un día pudo mirar atrás, ver todas las injusticias que había soportado y reconocer que habían sido parte del plan soberano de Dios (Gén. 45:4-8)

Para reflexionar:

Lee Génesis 45:4-8 y escribe cómo Dios utilizó para un fin mayor cada situación desafortunada que José expermientó.

Si confías en Dios, puedes descansar con la seguridad de que tu Defensor está haciendo una obra poderosa por medio de tus circunstancias desafortunadas. Las cenizas de la maldición solo pueden volverse hermosas a través de un amor que se entrega al fuego purificador (Isa. 61:3).

Para reflexionar:

¿Cuáles son las promesas que encontramos en 1 Pedro 1:3-9?

Ora las palabras del Salmo 26. ¿Cómo ayuda en esas áreas donde estás luchando debido a las injusticias sufridas?

La justicia es una virtud que nos atrae. Entendemos sus beneficios, pero no sus límites. Queremos que se haga justicia; sin embargo, parece que continuamente nos bombardean con injusticia. La injusticia y la maldad van de la mano. Una y otra vez es la justicia la que parece tener rienda suelta para salirse con la suya. Nos desespera pensar que la justicia es inalcanzable en este mundo y, a veces, pareciera que Dios mismo la ignora.

Es mentira que la existencia de injusticia es evidencia de la falta de interés de Dios en nuestros sufrimientos y penas que experimentamos en esta vida terrenal. Asaf, en el Salmo 77, a manera de poesía, conversa con Dios en su oración sobre sus luchas por el silencio de Dios. Si no traemos todo a Dios en oración (Fil. 4:6-7) y no aprendemos a echar toda nuestra ansiedad sobre Él (1 Ped. 5:7), le hacemos una injusticia a nuestra alma al ignorar el conflicto de nuestros sentimientos negativos hacia la persona de Dios, que se ha revelado a Sí mismo, y hacia la manera en que opera Su soberanía.

Para reflexionar:

Lee Salmo 77.

Primeramente, ¿a dónde acudió Asaf con sus luchas?

¿De qué acusaron los sentimientos de Asaf a Dios?

¿Cuál es el enfoque de Dios declarado por Asaf en el versículo 13?

_____
_____
_____

«Recordaré, haré memoria»; Asaf hizo un esfuerzo consciente de traer a su memoria obras maravillosas de Dios en el pasado (v. 11) y de meditar en las obras de Dios (v. 12). Asaf tuvo que evaluar diligentemente su propio espíritu para colocar intencionalmente la pureza y la santidad como prioridad en su vida. Se sentía abrumado; sin embargo, Asaf, a pesar de la aparente prosperidad de la maldad, concluyó en el Salmo 73:28: «Pero en cuanto a mí, el acercarme a Dios es el bien; he puesto en Jehová el Señor mi esperanza...».

Para reflexionar:

¿Cuáles son algunas maravillas de Dios, pasadas o presentes, que te asombran?

_____
_____
_____

¿Cuáles obras de Dios (pasadas o presentes) puedes recordar fácilmente?

_____
_____
_____

¿Hablas a otros sobre las obras de Dios?

_____
_____

La Palabra de Dios produjo la fe necesaria para que Asaf creyera y confiara en las promesas que Dios proclamó en Su palabra. «Así que la fe es por el oír, y el oír, por la palabra de Dios» (Rom. 10:17). Es bueno detenernos en medio del conflicto para considerar la exhortación de Dios: «Estad quietos y ved que yo soy Dios» (Sal. 46:10).

Dios nunca desea la injusticia. Dios tampoco ignora la injusticia. Sin embargo, hay consecuencias naturales que un individuo, ejerciendo libremente su voluntad, deberá afrontar. El pecado no nos afecta tan solo a nosotros, también tiene consecuencias sobre la vida de los demás. En ocasiones nos vemos atrapados en el medio de una situación, afectados por la mala decisión de otro. No importa cuál sea el caso, Dios puede tomar esos momentos y convertirlos en algo hermoso.

Ante la acción humana no debemos asumir que Dios aprueba lo que se hace, aun cuando el mal que se ha hecho fue «en Su nombre». La manera en que nosotros decidimos actuar no necesariamente es a la manera de la justicia de Dios, pero debido a que Él tiene el poder para conquistar la maldad, el fin que Él planeó no será frustrado. Sin importar lo que alguien haga, el plan soberano de Dios para nosotros no puede ser alterado. Dios cumplirá sus propósitos de una manera u otra (Isa. 55:6-11).

Nuestra habilidad para comprender los fundamentos de la justicia piadosa siempre será limitada a menos que estemos sin pecado. La justicia se preserva con ausencia de maldad. La injusticia solo existe por la ausencia de santidad. Medir la justicia con estándares y acciones humanas es afirmar que, de manera innata, el hombre posee santidad.

Pero lo que con frecuencia experimentamos, observamos y vivimos es un mundo que no clama por justicia. El pecado toma control y no conocemos la paz (Isa. 59). El corazón que se aparta del camino de Dios se revela contra la justicia. El corazón que rechaza la Verdad se burla de la santidad. Sin embargo, la Palabra de Dios nos recuerda que, dentro de los estándares humanos, «no hay justo ni aún uno» (Rom. 3:10), y que «engañoso es el corazón más que todas las cosas, y perverso...» (Jer. 17:9).

Para reflexionar:

Lee Isa. 53:6 y Prov. 21:2.

¿Qué nos dicen estos pasajes sobre el actuar del ser humano?

Estas verdades objetivas apuntan al hecho de que, como humanos, no poseemos ninguna clase de justicia piadosa o santidad en nuestros propios medios. Somos expertos en justificar nuestras acciones con un estándar impío. Observamos esta realidad en cómo buscamos satisfacernos a nosotros mismos, en lugar de considerar el impacto de nuestras decisiones sobre la vida de aquellos que nos rodean. Apelamos a la justicia con una teoría social, pero demasiadas veces frenamos la justicia y su obra perfecta en nuestros corazones. Aunque a veces el clamor por justicia puede ser ensordecedor cuando se trata de asuntos personales, los ecos son suavizados por el orgullo que nos lleva a compararnos a otros que son mucho más malvados a nuestros ojos. Mientras que la humanidad se enfoca en la apariencia exterior, Dios ve el residuo de la maldad en nuestro corazón. Las batallas internas con nuestros deseos (Sant. 4:1), combinadas con nuestro conocimiento de la maldad (Gén. 3), roban nuestra pureza, dando lugar a nuestras tendencias a elegirnos a nosotros mismos por encima de los demás. El amor por nosotros mismos pervierte el estándar humano de santidad. Solo la santidad da a la justicia su virtud. Justicia es simplemente «hacer lo correcto».

No hay comparación; no podemos ser igual a Dios en Su esencia. «Oh Dios, santo es tu camino» (Sal. 77:13), pues Dios está en Su santo lugar (Sal. 68:5). Justicia y juicio son el cimiento de Su trono (Sal. 89:14). Somos llamados a recibir el consejo de prudencia, justicia, juicio y equidad; hacer justicia es un gozo (Prov. 1:3; 21:15). La justicia no se logra a nuestra manera, por medio de nuestros placeres, ni con nuestras palabras. La justicia solo viene por medio de buscar los preceptos de Dios (Isa. 58). Debemos pedírsela a Dios y deleitarnos en Él «porque de él, por él y para él son todas las cosas» (Rom. 11:36-33). Dios es el Juez (Sal. 75:7).

La justicia de Dios que nos fue imputada en Cristo es el único medio por el que podemos dar un vistazo a lo que puede hacer el poder de la santidad en nosotros. Es entonces que nuestras expectativas cambian de rumbo apuntando hacia la pureza y la santidad en nuestras vidas diarias. En Proverbios 21:2, Dios expresa claramente que Él prefiere que obremos en rectitud y justicia por encima del sacrificio. El señor odia la injusticia (Prov. 11:1). Dios desea que de una manera intencional ejerzamos la justicia. Debemos dar cuenta por nuestras acciones. ¡Todos nosotros cosecharemos lo que sembramos!

Para reflexionar:

Lee Oseas 10:12-13.

Existen dos tipos de sembrador y segador. ¿Cuáles son?

_____

_____

¿Qué lograron cosechar con su esfuerzo y acciones?

Puede que no tengamos el poder de cambiar una injusticia a gran escala, pero la oportunidad diaria de buscar lo que es correcto siempre está a nuestro alcance. Una acción tiene un comienzo y fluye de la decisión deliberada en el corazón de deleitarse en el Señor y confiar en que Él, y solo Él, es capaz de lograr salvar y de revelar Su justicia (Isa. 56:1; Rom. 4:5).

En esta vida, cuando nuestros sentidos están completamente en sintonía con el conflicto que sufren aquellos que ya han caído presos de la injusticia, es bueno recordar las palabras del profeta en Sofonías 3 sobre la vindicación que está en juego cuando lo que es santo y justo es ignorado. Allí está la respuesta a la plegaria. Viene un día cuando el gozo por la justicia será restaurado (Jer. 23:5).

Para reflexionar:

Lee Sofonías 3.

¿Cuál es la promesa hecha a aquellos que obran injusticia?

¿Cuál es la promesa para aquellos que esperan?

_____
_____
_____
_____

¿Las manos de quién permanecen fuertes y valientes hasta que la maldad desaparezca?

_____
_____
_____
_____

¡Es adecuado temblar ante la fuerza de la maldad! ¡Es bueno enojarnos por el impacto de la injusticia! Sin duda la fuerza de la maldad puede quebrantar el espíritu humano. La injusticia nos deja con una copa amarga. Desde las alturas Dios, el Juez Justo y amante del alma humana, bebió la copa amarga reservada para nosotros y así logró elevar el espíritu humano por encima de la violencia y la vergüenza causadas por el poder del pecado. Él tomó la copa amarga de la maldad que observamos; Cristo llevó en la cruz la violencia que sentimos y la vulnerabilidad a la que estamos expuestos. Dios el Padre nos da, a cambio de esto, la lámpara para iluminar nuestro camino (Sal. 119:105), la verdad como dulce miel (Sal. 19:10-11), la paz que necesitamos (Fil. 4:7) y la armadura para poder estar firmes (Ef. 6:10-18).

Cuando el conocimiento de la verdad nos priva de toda dignidad humana, descubrimos que nada puede separarnos del amor de Dios (Rom. 8:37-39). Ni la muerte. Ni la vida. Ni ángeles. Ni potestades. No será hoy, ni en el futuro. No existe poder. No hay nada tan alto, ni nada tan profundo. No hay nada en este universo que pueda separarnos del amor de Dios. La maldad intentará separarnos, la injusticia peleará contra nosotros, la impiedad nos tenderá una emboscada, pero todo fracasará. ¿Por qué? Por el amor de Dios.

Lea pudo haber sacado varias conclusiones. Ella eligió acercarse a Dios, el Dios de Jacob. Aun en medio de su viaje por el desierto, no se resigno a una desesperanza incrédula. La soledad no sería su legado, tan solo su lamento. En lo profundo de su alma se reveló una pasión por ver más allá de la fragilidad humana, en contraste con la maldad, y confió que Dios estaba allí aunque sus huellas no fueran visibles (Sal. 77:19).

Hay momentos en que la multitud de dolor penetra más allá de lo que el ojo puede ver. Hay momentos cuando el alma quebrantada se acalambra cuando la injusticia no presta garantía de que vendrá descanso para el abatido. Mientras que la maldad acecha el corazón para devorarlo, Dios busca el corazón para asegurarlo. Cuando solo hay un inquietante silencio en los pasillos de la fe, «no desmayemos» (Gál. 6:9). Trae a la memoria y enfoca tu corazón en la verdad de que Él es justo y que Él es el fiel y verdadero (Isa. 45:21; Apoc. 19:11).

El estándar humano en el posmodernismo se preocupa por el existencialismo de la justicia sobre la acción humana.[5,6] En contraste, porque Dios ha dado significado y propósito al «arte de vivir» (al crearnos a Su imagen), la preocupación prioritaria de Dios es la ejecución de justicia en el corazón. La palabra de Dios nos revela que lo que está en el corazón del individuo predispone la acción. Mientras que el mundo se enfoca en la manifestación externa de la injusticia, Dios lamenta la destrucción del alma que produce la injusticia. Cuando nos olvidamos del origen del quebranto, no podemos ver el lamento de Dios que ha derramado esas mismas lágrimas humanas.

El conocimiento de la maldad nos ha separado de la presencia de Dios. Lo que debemos recordar es que el conocimiento del bien dio lugar a la propiciación (la reconciliación de Dios con la humanidad) por medio de Jesucristo, logrando así restaurar la unión que el pecado había deshecho. Jesús lloró por Jerusalén (Luc. 19:41-42). En esta ciudad de Dios, la injusticia clamaría a gran voz «¡Crucifícale!» contra este Mesías justo, quien por medio de Su rechazo, muerte y resurrección lograría así la justificación de las almas. Dios jamás ha abandonado a la humanidad, pero sí se abandonó a sí mismo. La sumisión de Cristo ante la injusticia del pecado logró nuestra justificación. ¿Por qué? Para que nosotros pudiéramos negarnos al pecado y ser revestidos con Su gloriosa justicia. Detrás del evidente disgusto que trae la injusticia está una sonrisa soberana producida por la gracia y la misericordia, junto con el amor y la justicia, para todo aquel que cree. Por fe ya no somos condenados a luchar en contra de la santidad (Rom. 5:1). Podemos acercarnos a Dios.

Con respecto a la maldad, hay dos preguntas cruciales que frecuentemente se hacen. Si Dios existe, ¿por qué existe la maldad? y ¿cómo puede Dios permitir tanta maldad? En estas preguntas falta algo.

Aunque pareciera que la escala se inclina más hacia la perspectiva del «fracaso de la justicia», no estamos viendo el peso de la gracia, misericordia y benignidad de Dios para que muchas almas sean salvadas. Jesucristo no fue enviado como Mesías para juzgar al mundo. Jesucristo fue enviado para salvar al mundo, mostrando que Él retiene Su justicia y probando así cuán injustos son los asuntos en el corazón humano hacia el inocente. Cristo fue llevado «como Cordero al matadero» en la tierra de los vivientes, por que vivió una vida caracterizada por Su pureza en la justicia de sus palabras, hechos y santidad. Pero, aunque no se halló maldad en Él, fue crucificado (Juan 19:4). ¿Puedes escuchar el clamor de Cristo pidiendo misericordia ante la presencia de la maldad? «Padre perdónalos porque no saben lo que hacen» (Luc. 23:34).

Deberíamos más bien preguntar: «¿Cómo puede el Santo mezclarse con lo que no es santo?», «¿cómo puede lo justo ser paciente con la injusticia?». Esto contradice todo pensamiento. Una vida que busca santidad continuamente se encontrará con barreras que gritan a viva voz: «¡Injusticia!». Pero esa misma vida encuentra descanso asegurado. Dios ve, *ra´ah*. Dios oye, *shama*. Por medio de la justificación, Dios demostró Su amor para con el mundo. El amor demanda justicia y la justicia demuestra amor (1 Cor. 13). Dios es amor (1 Jn. 4:8). Él es justo (Deut. 32:4). Un día Él volverá y entonces se terminará la era de la gracia y la misericordia. «La venganza es mía, yo pagaré», dice el Señor (Rom. 12:19). Llegará un día donde la justicia será el himno, la santidad será la causa y el amor la celebración.

Henry Wadsworth Longfellow tradujo un poema adecuado, que se titula *Retribución*:

Aunque el molino de Dios muela lento,
Muele excesivamente fino,
Aunque con paciencia Él está esperando,
Con exactitud lo muele todo.[7]

Para reflexionar:

Lee Salmo 10.

Considera cómo el silencio de Dios revela el carácter de la humanidad.

Lee Salmo 9.
Considera cómo la presencia de Dios demanda santidad y justicia.

Conceptos claves para atesorar

1. Le hacemos una injusticia a nuestras almas al ignorar el conflicto de nuestros sentimientos negativos hacia Dios, que se ha revelado a Sí mismo, y hacia la manera en que opera Su soberanía.

2. Una acción tiene su comienzo y fluye de la decisión deliberada en el corazón de deleitarse en el Señor.

3. Detrás del evidente disgusto que trae la injusticia está una sonrisa soberana producida por la gracia y la misericordia, junto con el amor y la justicia, para todo aquel que cree.

Notas personales

SEMANA 12

CRUZAR EL UMBRAL DE LA ETERNIDAD

Después del nacimiento de Dina, el vientre de Lea quedaría permanentemente estéril. En su cultura, esto significaba que su propósito en la vida ya se había completado; sin embargo, en Dios, su propósito continuaba. ¡Su historia no había terminado! La situación de Lea se convertiría en la promesa de Dios de hacer de ella un pilar de fe. Jacob, Raquel y los legados de Lea permanecerían más allá de sus días aquí en la tierra a través de las bendiciones espirituales dadas a sus hijos. Estos tres individuos jamás habrían podido imaginar lo que el pacto de Dios lograría. Su fe les fue contada por justicia. Dios eligió y Él santificó (Rom. 4:13, 16, 19-22).

Como una preciosa joya, Lea era guardada y atesorada por el Dios de Jacob, aunque en realidad esta amante devota y buscadora de la unidad era ignorada por aquel a quién ella amaba con todo su corazón aquí en la tierra. Ella quedó plasmada en la mente de Jacob hasta su muerte. Ella fue enterrada junto Abraham, Sara, Rebeca y eventualmente el mismo Jacob (Gén. 49:29, 31). El amor que no consiguió merecer aquí en la tierra fue completamente satisfecho en la presencia de su Señor en el cielo. Porque el cielo también puede ser nuestro glorioso lugar de morada, nuestro

Zabulón; el lugar donde recibimos y declaramos a viva voz nuestra vindicación, nuestra Dina, así como lo hizo Lea al colocar su confianza en el Dios de Abraham, el Dios de Isaac y el Dios de Jacob.

Aunque no encuentres el nombre de Lea mencionado entre los héroes de la fe en Hebreos 11, su historia apunta directamente a la elección de Dios; Él decide retomar lo que fue rechazado por el hombre para redimirlo, pues es estimado a los ojos de Dios. Escondido en las páginas de su diario, encontramos un resumen del alcance del obrar de Dios para con la humanidad, incluyendo el hermoso cuadro de la vida y ministerio de Jesús. A través de los sufrimientos de Lea, tenemos un pantallazo de los tesoros del Reino de los Cielos. ¿Cómo su historia revela un hilado de pensamientos que atraviesa toda la Palabra de Dios?

El evangelio es representado de una manera asombrosa a través de la contribución de Lea a las tribus de Israel, que fueron compuestas a raíz de los nombres dados a los hijos de Lea y Raquel. La encarnación de Cristo es anunciada primeramente por Gabriel como el hijo prometido, un Rubén, «un hijo» (Mat. 1:20-21; Luc. 1:31-32). La respuesta de Dios a la desobediencia del hombre fue la redención, al enviarse a sí mismo, tomando forma humana y llevando el nombre de Jesús (Salvador) para salvar a Su pueblo de sus pecados. Todo esto apunta a Simeón, «Dios ha escuchado» la plegaria eterna de la humanidad. (Mat. 1:21; Luc. 1:31-32).

El Dios invisible descendió para hacerse visible y así llegar a ser el Levi, «el que une a los suyos», uno mismo como el Hijo de Dios y el Hijo del hombre (Mat. 1:23, Luc. 1:33, 35; 2:11), un Judá, «alabanza», así como lo fue el anuncio de su nacimiento, único en la historia, cuando el glorioso y angelical coro cantó para que lo oyeran simples pastores. Los hombres sabios, guiados por una señal asombrosa desde los cielos fueron traídos al lugar de nacimiento del Mesías. De estas circunstancias seguimos cantando aún hoy, «¡gloria a Dios en las alturas y en la tierra paz, buena voluntad para con los hombres!» (Luc. 2:8-20; Mat. 2:1-12).

Esas ansias seductoras, que nos mueven a querer asegurar el poder a través de vías religiosas, causaron que los líderes espirituales de Israel sean culpables de Gad. Las obras de servicio se convirtieron en piadosos elogios sociales cuya intención era arrasar con la gloria de Dios para obtener el favor del hombre.

Para reflexionar:

Lee los siguientes pasajes.

¿Cómo tus actos de fe y tu alabanza pueden convertirse en rituales religiosos vacíos?

Isaías 1:11-16

Mateo 6:5-8, 16-18

Mateo 23:5-10

Marcos 11:15-17

Desde temprano en Su ministerio, Cristo condenó a los líderes que estaban saqueando los bolsillos de la gente al cobrar demasiado por un animal de sacrificio. Los líderes que se suponía debían estar protegiendo y pastoreando al pueblo de Dios, estaban envueltos en el crimen organizado, las profecías falsas y el saqueo del pueblo de Dios para ganancia propia (Ezeq. 13:1-2, 6, 8; 22:25-30). El Aser, «la felicidad», en la vida ahora estaba asociado con autojustificación y vida próspera por medio de gobernar sus vidas mediante una serie de leyes y así lograr estigma social.

Para reflexionar:

¿Cómo reaccionó Cristo contra la religión creada por los hombres en los siguientes pasajes?

Mateo 12:10

Lucas 5:13

Juan 8:3-24

Marcos 2:16

_____
_____
_____
_____

De manera vehemente Cristo confronto falsas ideas que la religión utilizaba para conseguir ambiciones egoístas. En lugar de esto, Cristo prometió exaltar al que se humilla (Luc. 14:11-14). Él prometió prominencia para aquellos que sirvan (Luc. 22:24-30) y gozo para aquellos que amaran a otros (Juan 15:11-13). Él nos desafía diciendo: «no hagáis nada por envidia o vanagloria, sino más bien humildemente, considerando a otros como más importantes que tú» (Fil. 2:3, paráfrasis del autor).

En Filipenses 2:5, 7-8, el Señor lleva el desafío a otro nivel: «Haya, pues, en vosotros este sentir que hubo también en Cristo Jesús, [...] se despojó a sí mismo, tomando forma de siervo, hecho semejante a los hombres; [...] se humilló a sí mismo, haciéndose obediente hasta la muerte, y muerte de cruz».

Los líderes humanos pensaron que podían traicionarlo, cometiendo Isacar, «dar en recompensa» el poder de Dios y disfrutar de beneficios personales. Pero Dios, en ningún momento en la historia fue, ni en el futuro será, vencido; tampoco permitirá que aquellos que habitan en Él sean vencidos.

Para reflexionar:

¿Qué enseñan los siguientes pasajes sobre Dios, quien tiene el poder supremo sobre el hombre, y aquellos que buscan beneficiarse egocéntricamente de Él?

2 Crónicas 16:9

_____
_____

Proverbios 16:2, 4-5, 9

Eclesiastés 12:14

Jeremías 23:11, 14-20

Apocalipsis 20:11-21:8

    Después de librarnos de la pena del pecado por medio de Su obra completa en la cruz (Col. 2:13-15), vencer el poder de la muerte por medio de Su resurrección (1 Cor. 15:3-4, 16-17, 56-58) y regresar a los cielos para prepararnos un lugar (Juan 14:1-2), Él nos ha trazado una senda. Esta es Su promesa final: Él vendrá otra vez para que moremos con Él para siempre (1 Tes. 4:14-18). Mientras que ahora está preparando nuestro Zabulón permanente en el cielo, el corazón de cada individuo es el Zabulón intermedio, un «lugar de morada» que tiene valor físico y espiritual.

Para reflexionar:

¿Qué nos dicen los siguientes pasajes sobre el Espíritu Santo que mora en nosotros?

Juan 14:16-18, 23, 26

_____
_____
_____

Juan 16:7-14

_____
_____
_____

El Espíritu Santo transforma cada alma en Su templo y juntos somos el cuerpo de Cristo (1 Cor. 3:16; 6:19; 12:12-14, 18-20, 25). Morar en este mundo es perturbador. Recuerda, esta tierra no es nuestro *Zabulón* permanente (Heb. 11:13, 16). Nuestra *Dina* no está lejana. Dios se «vindicará» y condenará eternamente a todos aquellos que rehusaron creer en el Señor Jesucristo. El Defensor de los justos pondrá en equilibrio la balanza y ejecutará justicia (Jer. 23:5; Apoc. 6:15-17, 20:11- 21:8).

Para reflexionar (Parte 1):

Escribe tus pensamientos sobre la *Dina* de Dios que discutimos en los pasajes anteriores.

¿Qué te asusta?

_____
_____
_____
_____

¿Qué te llena de esperanza?

_____
_____
_____
_____

Lee 1 Tesalonicenses 5:1-3 y 2 Timoteo 3:1-5, 13.

¿Qué dicen estos pasajes sobre el estado de la humanidad antes de que Dios nos diera una *Dina*?

_____
_____
_____
_____

Para reflexionar (Parte 2):

¿Qué Esperanza encontramos en los pasajes a continuación?

2 Timoteo 3:14-17

_____
_____
_____
_____

2 Timoteo 4:17-18

1 Tesalonicenses 4:16-18

1 Tesalonicenses 5: 4-11

    La bendición del diario de Lea, donde nos relata cada uno de los nombres de sus hijos, llega a nuestro corazón porque nosotros también navegamos por una vida que en varios puntos desmorona nuestras expectativas y pone a prueba nuestra esperanza. Nuestro Señor ya ha hablado sobre nuestra lucha con la duda: «Levantad en alto vuestros ojos, y mirad quién creó estas cosas; él saca y cuenta su ejército; a todas llama por sus nombres; ninguna faltará; tal es la grandeza de su fuerza, y el poder de su dominio. ¿Por qué dices, oh Jacob, y hablas tú, Israel: Mi camino está escondido de Jehová, y de mi Dios pasó mi juicio? ¿No has sabido, no has oído que el Dios eterno es Jehová, el cual creó los confines de la tierra? No desfallece, ni se fatiga con cansancio, y su entendimiento no hay quien lo alcance» (Isa. 40:26-28).

    Hasta que esta tierra sea disuelta, continuaremos experimentando sufrimiento. Pero Dios, que es aún más grande, promete bendecir a aquellos que rehúsan ser destrozados por las impetuosas penas del tiempo presente. Hay un día ya señalado cuando Su gloria se revelará en nosotros. Una gloria sin comparación (Rom. 8:18-25). El diario de Lea termina dejándonos un sendero de lágrimas que conduce a las promesas de su Zabulón y su Dina, promesas que ella esperó por fe que se cumplieran.

¿Cómo refleja a Cristo la historia de Lea? No es una pequeña coincidencia que a través de Lea, la que fue rechazada por el hombre, pero bendecida por Dios, viniera nuestro Mesías, el Redentor. La simiente que fue prometida descendería a través de su hijo «de alabanza», Judá (Heb. 7:14). Nuestro Mesías también sería rechazado por el hombre, pero bendecido por el Padre (Mat. 3:17).

Hagamos un cuadro comparativo entre las similitudes de la profecía del Mesías y el viaje de Lea.

Para reflexionar:

Lee los pasajes a continuación y escribe tus observaciones sobre las similitudes entre la historia de Lea y las experiencias de Cristo.

Experiencia De Lea	Experiencia De Cristo
Génesis 29:16–18; 30–31	Isaías 53:2–3; Juan 1:11
Génesis 29:31–34	1 Juan 4:10

Génesis 29:28, 21, 23, 25	Marcos 14:43-46

Así como la muerte y resurrección de Jesucristo derribó la barrera que el engaño había creado entre el hombre y Dios en el huerto del Edén (Gén. 3:22-24; Mar. 15:37-38; Heb. 10:19-23), la muerte de Lea, en cierto modo, derribó la barrera que el engaño había creado entre ella y Jacob. ¿Logró Jacob ver detrás del velo? ¿Será que vio una esposa y no solamente un deber, atesorándola como la que poseía un lugar especial dentro de la promesa del pacto?

Justo antes de su muerte, Jacob dijo a sus hijos: «Yo voy a ser reunido con mi pueblo. Sepultadme con mis padres en la cueva que está en el campo de Efrón el heteo, en la cueva que está en el campo de Macpela, al oriente de Mamre en la tierra de Canaán [...]. Allí sepultaron a Abraham y a Sara su mujer; allí sepultaron a Isaac y a Rebeca su mujer; allí también sepulté yo a Lea» (Gén. 49:29-31). En su vida Lea solo conoció en parte lo que ahora conoce en su totalidad. El cielo sería el lugar donde su alma hallaría descanso, finalmente estaría satisfecha al morar en la gloriosa presencia de Dios.

No hay ningún otro testimonio individual que haya tenido mayor impacto sobre el diseño arquitectónico del cielo. Así como cada uno de los nombres de sus hijos era una puerta hacia el corazón del Lea, así también esos nombres han sido grabados en los portales de la morada eterna del Dios Supremo y de todo creyente. Apocalipsis 21:12-13; 21 describe las puertas del cielo:

Tenía un muro grande y alto con doce puertas; y en las puertas, doce ángeles, y nombres inscritos, que son los de las doce tribus de los hijos de Israel; al oriente tres puertas; al norte tres puertas; al sur tres puertas; al occidente tres puertas [...]. Las doce puertas eran doce perlas; cada una de las puertas era una perla. Y la calle de la ciudad era de oro puro, transparente como vidrio.

Por estas puertas pasara todo creyente como vencedor para disfrutar de su descanso perpetuo. De muerte a vida, Lea pasó por las puertas celestiales inscritas en su diario.

En su debilidad ella encontró la fuerza de Dios. En sus anhelos ella descubrió el obrar de Dios. En su cansancio ella encontró la Palabra de Dios. En su angustia ella encontró la gracia de Dios. En sus suspiros ella encontró el amor de Dios. En su contentamiento ella encontró el consuelo del pacto. En sus sufrimientos ella encontró la salvación de Dios.

Que el Señor nos ayude a amar con más profundidad, a andar en mayor pureza, a regocijarnos con más abundancia y a esperar en Él con mayor osadía. Que nuestros ojos vean y nuestros oídos oigan la historia de amor que el cielo santificó.

Aunque exista la violencia del pecado que busca atacar el alma, la pureza del amor requiere una gracia igualmente violenta para dar vida nueva al alma restaurada.

La historia de Lea es un recordatorio constante de cómo lo maravilloso y asombroso de la vida muchas veces es saqueado por las tormentas de la vida que sacuden nuestra esperanza. Cuando parece que nuestros sueños se desvanecen, aplastados por el caos que nos rodea, encontraremos que la fe es suficiente. No importa cuán densa sea la oscuridad, la luz se revela para mantener fértiles las promesas en el alma y sostener la semilla de la fe (Mar. 4:30-32). ¡Cuánta riqueza hay en las promesas de Dios! Su fidelidad y Su amor infalible, cuyo alcance llega más allá del entendimiento, nos llama a simplemente confiar. Él es Dios.

Y a aquel que es poderoso para guardaros sin caída, y presentaros sin mancha delante de su gloria con gran alegría, al único y sabio Dios, nuestro Salvador, sea gloria y majestad, imperio y potencia, ahora y por todos los siglos. Amén (Jud. 1:24-25).

Conceptos claves para atesorar

1. Dios en ningún momento en la historia fue, ni en el futuro será, vencido ni dejara que aquellos que habitan en Él sean vencidos.

2. Hasta que esta tierra sea disuelta, continuaremos experimentando sufrimiento. Pero Dios, que es aún más grande, promete bendecir a aquellos que rehúsan ser destrozados por las impetuosas penas del tiempo presente.

3. Aunque exista la violencia del pecado que busca atacar el alma, la pureza del amor requiere una gracia igualmente violenta para dar vida nueva al alma restaurada.

Notas personales

Notas

Semana 2:

1. Pfeiffer, Charles F. *Baker's Bible Atlas*. Grand Rapids, MI: Baker Book House, Seventh Printing, 1961.
2. The Hebrew – Greek Key Study Bible, Lexical Aids to the New Testament por Spiros Zodhiates, Th.D, explicación de la palabra *agapao* (25).

Semana 4:

3. Tozer, A.W. *A Disruptive Faith, Expect God to Interrupt Your Life* (Bethany House, una división de Baker Publishing Group, 2014), p. 19.

Semana 8:

4. Wiersbe, Warren. *The Wiersbe Bible Commentary: Old Testament* (Colorado Springs, CO: David C. Cook), 2007.

Semana 11:

5. El existencialismo es la idea de que lo que significa ser humano no es algo que se pueda dar, sino que es algo que sucede por las decisiones y acciones que vienen simplemente por existir, y son ellas las que nos dan el sentido de propósito.
6. Guignon, Charles B. *The Good Life* (cap. 19, p. 241); Jean-Paul Sartre, *Being and Nothingness* (Indianapolis, IN: Hackett Publishing, 1999).
7. *Retribution. Sinngedichte* III, 2, 24, publicado ca. 1654, por Friedrich von Logau, traducido por Henry Wadsworth Longfellow.

Bibliografía

1. The Hebrew – Greek Key Study Bible, Lexical Aids to the Old & New Testament por Spiros Zodhiates, Th.D.
2. Pick, Aaron. *The English and Hebrew Bible Student's Concordance*. Bible Study Classic.
3. Strong, James, S.T.D., LL.D. *Strong's Exhaustive Concordance of the Bible*. Peabody: Hendrickson Publishers.
4. Young's Concordance.
5. Walvoord, John, y Roy Zuck. *The Bible Knowledge Commentary*. Wheaton: Victor Books, una división de SP Publications, Inc., 1985.
6. Lockyer, Herbert, *Sr. Nelson's Illustrated Bible Dictionary*. Nashville: Thomas Nelson Publishers, 1986.
7. Halley, *Henry H. Halley's Bible Handbook*. Grand Rapids: Zondervan Publishing House, 1962.
8. Davis, *John D. Davis Dictionary of the Bible*. Nashville: Royal Publishers, Inc., 1973.
9. Vine, W. F., Merrill F. Unger y William White, *Jr. Vine's Complete Expository Dictionary of Old and New Testament Words*. Nashville: Thomas Nelson, Inc., 1996.
10. "Mandrake", escrito por los editores de la Encyclopedia Britannica. https://www.britannica.com/plant/mandrake-Mandragora-genus, consultado en 2018.

Recursos en Internet:
http://www.Biblehub.com/hebrew
http://www.Biblehub.com/greek